El Guion Musical en el Cine

Conrado Xalabarder

El Guion Musical en el Cine © Conrado Xalabarder, 2013.
Todos los derechos reservados.
Prohibida la reproducción total o parcial sin el consentimiento expreso y por escrito del autor, excepto en el caso de breves citas que sean referenciadas.

Diseño de Portada:
foto máquina de escribir © mediagram – Fotolia.com
concepto de portada: Conrado xalabarder
bocetos: Pablo Laspra y Óscar Araujo
partitura: Marc Vaíllo. Partitura bso "el habitante incierto" (Guillem Morales, 2005)
diseño final portada y contraportada: Marcos Xalabarder

Registros:
Propiedad Intelectual: B–4420–12
Safe Creative: 1311189363114

ISBN–13: 978–1494218768
ISBN–10: 1494218763

Visita www.mundobso.com

"El compositor que no propone, es el compositor que obedece".

Dedicado a todos los compositores que son guionistas y por ello cineastas, y a todos los directores, productores y mezcladores que no temen la música y respetan el trabajo del compositor.

Este libro es un punto de partida, no de destino.

Índice

1. Introducción: la música tiene poder 7
2. El territorio de la música de cine 13
3. Categorías en la música 23
   - 3.1. Por su origen 23
   - 3.2. Por su aplicación 30
   - 3.3. Por su comunicación 41
   - 3.4. Por su actitud 43
   - 3.5. Por su asignación 46
   - 3.6. Por su vinculación 49
   - 3.7. El tiempo imposible 56
4. Niveles musicales 59
   - 4.1. Perceptivo y sonoro 59
   - 4.2. Argumental 66
   - 4.3. Espacial 68
   - 4.4. Dramáticos 74
5. Distribución musical 81
   - 5.1. Bandas sonoras con estructura temática 82
     - Temas centrales 83
     - Tema principal 87
     - El contratema 94
     - Temas secundarios 100
     - El tema inicial 101
     - El tema final 108
     - Subtema 113
     - Fragmentos y motivos: el leit-motif 114
     - El movimiento de los temas 118
   - 5.2. Bandas sonoras sin estructura temática 123
   - 5.3. Las canciones 128

6. El guion musical 131

    6.1. ¿Cuánta música? 132
    6.2. ¿Qué música? 135
    6.3. ¿Para qué y para quién? 139
    6.4. El silencio musical 150
    6.5. ¿Cómo, dónde y por qué? 152
    6.6. La música y los diálogos 154
    6.7. La música y las secuencias 158
    6.8. ¿Cuándo escribir la música? 163

7. Consideraciones finales 171

8. Películas mencionadas 173

1. Introducción: la música tiene poder

«Odio la música en las películas... No me gusta ver a un hombre solo en el desierto, muriéndose de sed, con la Orquesta de Filadelfia detrás de él».[1]

John Ford

Lo dijo uno de los más insignes directores de la Historia del Cine. Eso sí, todas sus películas desde la aparición del sonoro llevaron música, y con compositores de primera clase. No fue el único en manifestar su desagrado por el empleo de música en las películas y tampoco es infrecuente escuchar desde diversos sectores críticas a su presencia, como si fuera un elemento incómodo, impostado e innecesario.

El más frecuente de los argumentos contra la música en el cine se sustenta en la acusación de que es un elemento manipulador que condiciona al espectador, lo sitúa en una posición pasiva frente a la película y no le deja mucho margen de reacción. Aunque estos argumentos se podrían matizar son sustancial y afortunadamente ciertos: la música está para eso, para manipular. Pero el cine, en sí, manipula el espacio, el tiempo, las emociones... es una gran mentira y la música participa activamente en esa mentira. Y si el montaje –que construye la narración de las películas– es un elemento activo en esa manipulación de tiempo y espacio, ¿por qué razón la música no habría de participar en ello? Si nos creemos que el fenomenal Peter Ustinov es el emperador Nerón en *Quo Vadis* (id. Mervyn LeRoy, 1951), ¿por qué razón no habríamos de suponer que la también fenomenal música de Miklós Rózsa es la clase de música que sonaba en la época, cuando no era así? ¿Y qué hay, por ejemplo, de *El Planeta de los Simios* (*Planet of the Apes*. Franklin J. Schaffner, 1968)? ¿Es una opción válida sumergir al espectador en un mundo completamente inventado?

---

[1] "I hate music in pictures... I don't like to see a man alone in the desert, dying of thirst, with the Philadelphia Orchestra behind him". CD «Cheyenne Autumm» (Label X LXCD 4, 1987).

1. Introducción: la música tiene poder

Si es así (que es así), ¿por qué la música no puede participar en esa invención?

Es muy importante tener en cuenta que en el mundo real, el de nuestras vidas diarias, no existe *per se* música: no paseamos acompañados por bellas melodías ni nuestras preocupaciones son reforzadas por músicas serias. En el mundo real elegimos la música que queremos en nuestro espacio, bien porque la incorporamos (poniéndola), bien porque aceptamos la que han incorporado otros (nos gusta la música que han puesto en otra habitación y acogemos favorablemente que esa música invada nuestra habitación), o bien porque acudimos a un lugar donde ponen una música que nos gusta (un local o un concierto, por ejemplo). En cualquiera de esas opciones, la existencia de música es una elección. Por el contrario, si entramos en un local donde no nos gusta la música, no tardaremos en marcharnos o la sufriremos si no podemos marcharnos; y si nuestro espacio es invadido por una música que no aceptamos, protestaremos o tendremos que sufrirla si no hay otra opción. Y eso nos resultará mucho más molesto que si la *invasión sonora* fuera la de unos niños gritando o unos perros ladrando: los niños o los perros son lo inevitable (hasta cierto punto) y ya callarán; la música no bienvenida nos ofende por lo que tiene de invasión del espacio vital propio, y bastante más que los gritos o ladridos.

En las salas de cine, cuando se apagan las luces y comienza la película, se acaba la vida real hasta que la película termine y vuelvan a encenderse las luces. Y si en ese período la música que invade nuestro espacio nos es grata, pues bien; pero si es ingrata, pues también. Podremos llegar a sentirnos incómodos o molestos pero ¿alguna vez te has ido de una sala de cine por la música? En la vida real, somos sujetos activos y, como tales, podemos defendernos de la música marchándonos o apagándola; en el cine, no podemos hacerlo porque somos sujetos pasivos. En la vida real, controlamos la influencia que pueda tener la música en nosotros; en el cine, es la música la que nos controla. Ese es parte de su poder.

Hay que tener presente también algo significativo de la música –no sólo la cinematográfica– y es que, a diferencia de otras artes, nunca miente *per se*, pero puede ser empleada para falsificar o alterar la percepción de una realidad. Con la pintura, la escultura, la literatura o el propio cine pueden contarse muchas mentiras: un retrato que embellezca a quien no es bello o un relato que alabe las heroicidades de un cobarde serán alteraciones de la verdad. Con la música no es posible hacerlo, porque en sí misma no tiene esa capacidad y, aunque la pretenda, no la alcanzará jamás: la música siempre expone una verdad, la del compositor, aunque a oidos de su audiencia resulte exagerada o pomposa, pero siempre una verdad. ¿Qué es, pues, lo que hace que, en el cine, sí pueda participar en un engaño como, por ejemplo, hacer creer que un personaje es de fiar cuando no lo es? La respuesta está en su aplicación: la música juega el rol de una suerte de cortina invisible que permite alterar la visión de una imagen o la percepción o información sobre un personaje, pero en sí misma no miente.

Es casi una operación matemática: si aplicamos música bucólica sobre un bello paisaje, el espectador verá un paisaje que le resultará aún más bello. Pero si lo que se inserta es música inquietante ya no se verá un bello paisaje, sino que estaremos a la espera de que acontezca algo terrible. Por el contrario, un infierno es más infernal con música infernal, pero con un vals el espectador no sentirá el ardor de las llamas e inevitablemente buscará encontrar la belleza del horror, y lo cierto es que debe encontrarla, porque de lo contrario esa música no tendría sentido.

La música permite alterar la visión y la perspectiva de una realidad (un bello paisaje), pero en sí misma no engaña: en todo caso, quien engaña es la película. Prueba de ello es que si desligamos la música de la imagen y la escuchamos aparte, no encontraremos mentira alguna: sólo escucharemos música. Ese es uno de los poderes que tiene su aplicación: otorgar una nueva dimensión mediante un proceso parecido al de una ilusión óptica. La música, pues, participa en la manipulación pero no es manipuladora en si misma, sino con el concurso de lo que se relata en la película o de lo que las propias imágenes exponen.

Puede defenderse que lo idóneo sería que todo pudiera expresarse visualmente, con los diálogos y las acciones y que, cuanto menos se recurra a la música, tanto mejor para el filme. Es algo que considero cierto: en la música cinematográfica, menos suele ser más, y no pocas veces hay excesos en su uso que o bien sobresaturan o bien

1. Introducción: la música tiene poder

restan eficiencia a la música que es verdaderamente importante. En todo caso el cine, en sí mismo, requiere casi siempre de ese recurso para explicarse, por razones que expondré en este libro, aunque hay estupendas películas que no necesitan ni un segundo de música y que funcionan perfectamente sin ella. Todo depende de las necesidades de la película que deban ser cubiertas por la música.

Por lo general se tiende a pensar que la comunicación entre música y espectador es emocional, y que su vínculo es con las imágenes. Esto, que en sí es cierto, es incompleto: naturalmente hay comunicación emocional entre música y espectador, pero también la hay intelectual, donde la música no mite emociones sino información para la comprensión de escenas o personajes; por otra parte, no es verdad que el matrimonio de la música lo sea sólo con las imágenes: la música se enraiza también con el guion literario de los filmes y aborda elementos narrativos que a veces ni tan sólo están descritos en el guion literario, hasta el punto que es normal que en las películas convivan dos guiones, el literario y el musical, que en ocasiones van en la misma dirección sincrónica, en otras hay asincronía y en otras caminan en direcciones opuestas. Y si esto sucede, lo que explique la música se impone porque difícilmente será cuestionada por el espectador: no se verá un paisaje bonito, por muchos árboles y verdes praderas que se muestren, si lo que se escucha es una música apocalíptica. La música siempre gana.

¿Por qué sucede esto? Básicamente, porque la música es un elemento que para los espectadores tiene la apariencia de ser meramente sonoro e intangible cuando la realidad es que puede llegar a ser visual y completamente tangible, también algo físico, y porque los espectadores no la perciben así no la pueden racionalizar y, por tanto, no la pueden controlar. Y al no poder controlarla, quedan a su merced. Y si quedan a su merced, no la cuestionan. Naturalmente, si todo está bien hecho: no hay nada peor y devastador para la película y su discurso narrativo que una música cuestionada por los espectadores.

La música puede reemplazar diálogos, expresar sentimientos de personajes y aportar lo que las palabras no expresan. Puede servir para muchísimas cosas, como por ejemplo entrar en la psicología o el ánimo de un personaje y desnudarle ante el espectador. Una melodía agradable aplicada sobre alguien da una sensación positiva. Si lo que suena es angustioso, la información que llega (y sin palabras) es que habrá problemas. Eso cuando no se hacen trampas y el director no la emplea para confundir al espectador, lo que por otra parte puede resultar de gran utilidad. Asimismo, el compositor puede definir algo con unas notas o con una melodía, de forma que siempre que se quiera hacer una referencia a eso, baste con incorporarla: las músicas de *Tiburón* (*Jaws*. Steven Spielberg, 1975), *La profecía* (*The Omen*. Richard Donner, 1976) o *Encuentros en la Tercera Fase* (*Close Encounters of the Third Kind*. Steven Spielberg, 1977) identifican al escualo, a Satanás y a los extraterrestres, incluso cuando no se les ve. En estos casos, ya estará ubicada en un plano de comunicación intelectual, y su vinculación no será únicamente con la imagen, sino con lo narrativo. Pero la música no sólo puede definir personajes, animales o extraterrestres. También conceptos como el amor, la guerra, el horror. Puede ser usada para expresar algo que está dentro de la película o condicionar la visión del espectador, bien de modo cerrado y determinado o bien abierto e interpretable.

La música se aplica porque las películas la necesitan, bien para aportar soluciones concretas a problemas concretos, bien para cimentar el discurso narrativo o bien para construir uno alternativo. Pero si está ahí, es porque es necesitada. Y un compositor que quiera dedicarse al medio audiovisual debe entender esas necesidades y satisfacerlas. Y no basta con saber escribir música (que es algo que se supone en quien es compositor), sino que es necesario saber construir un discurso musical, manejar los tiempos, sacrificar lo que es tentador para beneficiar lo que es necesario, y tener la capacidad de convertirse en el guionista musical del filme. Con saber escribir música no es suficiente: el compositor que sólo sepa poner música bonita a un paisaje bonito sólo será llamado para poner músicas bonitas a paisajes bonitos. En un escalón superior, aquél que además pueda alterar el modo cómo se ve una escena o se entiende a un personaje, será contratado para ambas cosas; pero, en el máximo nivel, quien sepa construir un guion musical, dejará de ser un mero compositor para convertirse en un guionista, podrá desenvolverse en los tres niveles y, lo más importante, podrá aportar soluciones que beneficien a la película.

Nunca olvides esto: *El compositor que no propone, es el compositor que obedece*. Si eres compositor, este libro pretende ayudarte a convertirte en cineasta; si eres cineasta pero no compositor, que puedas elaborar el guion musical y dárselo al compositor para que te lo devuelva en forma de música. En uno u otro caso, estaréis construyendo la película. Y como construir un guion musical es el orden y no el desorden, piensa en términos de ajedrez. Nadie gana con impulsos emocionales. Para escribir un guion musical, hace falta saber mover adecuadamente las fichas en el tablero de la película. No lo hagas a golpes de emoción sino con la frialdad de la razón, y si lo haces así, llegarás inevitablemente a expresar mucho más claramente tu emoción. Porque la construcción de un guion musical es lo más parecido a una partida de ajedrez.

Conrado Xalabarder, 2013

2. El territorio de la música de cine

Si a la mayor parte de la gente que va al cine se le pregunta *¿Qué es una buena banda sonora?* la respuesta abrumadoramente mayoritaria será *la que tiene buena música*. Y esta respuesta, con seguridad, la darán también algunos compositores que escriben esa *buena música*. Pero esto no es así, en absoluto.

¿Es buena música de cine la que, estando impecablemente bien escrita e interpretada, no cumple con el cometido que tiene asignado? ¿Es buena aquella de la que se espera que provoque una determinada reacción y que, por las razones que sean, no logra ese propósito? ¿ Es buena aquella música que, debiendo aportar una información, no lo logra? ¿Y la que, cuando debe clarificar, confunde?

Una cosa es *buena música* y otra *buena música de cine*. No es lo mismo. Si valoramos una música cinematográfica basándonos en criterios estrictamente musicales la clasificaremos por sus cualidades estrictamente musicales, como música absoluta: ¿es buena o es mala? ¿Está bien escrita e interpretada o no lo está? Este criterio no es necesariamente subjetivo ni entiende de géneros o estilos. Hablamos de cualquier música valorada desde un punto de vista musical. No tiene sentido hacer una comparativa entre la música barroca y el jazz, porque son estilos distintos, pero sí entre dos músicas barrocas. Este suele ser generalmente el único criterio que se tiene en cuenta al valorar la cualidad de una música escrita para el cine, y eso es un grave error. Cierto es que una música romántica escrita para el cine es comparable a la música romántica de cualquier compositor clásico. Pero esa comparación está, en realidad, fuera de lugar.

Un buen compositor cinematográfico no es el que mejor música escribe, sino el que aporta con ella la mayor utilidad para la película. El criterio de utilidad se refiere a la función y los resultados que, como música aplicada, tiene sobre la película. ¿Funciona o no funciona? En una película de terror, ¿provoca miedo o no lo provoca? En una película romántica, ¿despierta emociones o deja al espectador indiferente? ¿Ayuda a resolver las necesidades del filme o es una rémora para el mismo? ¿Clarifica allá donde debe clarificar o confunde? En definitiva: ¿es una música útil o inútil? Este criterio marca la gran diferencia de la música de cine con el resto de músicas y es el eje principal de valoración. La buena música de cine es aquella que es útil, y ese debe ser el objetivo del compositor. Por ello, es fácil deducir que una mala música (considerada desde el criterio de calidad musical) puede ser una gran música de cine, o que una estupenda música puede ser cinematográficamente mala. Una música puede ser espléndida para una sala de concierto pero poco apta para una película. ¿De qué nos serviría pretender explicar a un personaje a través de un tema musical si el espectador no logra vincular ese tema musical a ese personaje?

Para conseguir una máxima utilidad no se ha de sacrificar necesariamente la calidad de la música. Pero la eficiencia es lo imperante, por lo que el objetivo es el de una música útil, no el de una música buena. Por supuesto, puede darse el caso que una música no sea buena ni en calidad ni en utilidad. En otras palabras: que además de ser mala música, no sirva a los intereses o necesidades del filme. Lo normal es que haya buenas creaciones también válidas cinematográficamente: un compositor escribe una buena música que es también útil, porque sabe cumplimentar las necesidades de la película para la que ha sido creada. Pero, ¿puede una mala música ser buena cinematográficamente? De ser así, es obvio que su presencia es positiva. Entonces, ¿sería deseable que esa música, ya que es *útil*, fuese *buena*? No necesariamente: un filme puede requerir que lo que suene sea una mala música, o una música mal interpretada, y no hace falta contratar a un mal compositor para que lo haga: en *Ciudadano Kane* (*Citizen Kane*. Orson Welles, 1941), con música de Bernard Herrmann, uno de los personajes es una mediocre joven que anhela ser cantante de ópera y a la que su todopoderoso amante financia el estreno de una obra para su lucimiento. Herrmann escribió un aria, *Salamboo*, la pieza que ella ha de cantar, y el guion literario especificaba que las críticas eran devastadoramente negativas, por lo que ese aria debía ser pésimamente cantada y sonar mal. De lo contrario, los espectadores aplaudirían una interpretación que era importante que fuese horrenda. No se escribió mala música; sencillamente se hizo que sonase mala.

2. El territorio de la música de cine

Si en una película un personaje es un mal violinista, no sería entendible que tocase el violín con destreza; por el contrario, ayudaría escucharle interpretar sin talento el instrumento. Elmer Bernstein, en *El hombre del brazo de oro* (*The Man with the Golden Arm*. Otto Preminger, 1955), hizo que la música que Frank Sinatra tocaba (era batería de jazz) sufriera un proceso de degradación por su adicción a las drogas, de modo que era un apoyo fundamental para entender el calvario que sufría. O por ejemplo podemos discriminar a dos personajes dándole a uno música buena frente a otro cuya música sea vulgar. Pero una mala música de origen (sin necesidad de tener que *empeorarla* con fines dramáticos) puede resultar también efectiva. Por ejemplo, para recrear un ambiente soez, vulgar o decadente, nada hay mejor que aplicar mala música.

En su máximo nivel de utilidad, la música es, más que música, puro cine. Por ello, es importante saber diferenciar el *qué*, el *por qué* y el *cómo* de su presencia. De ello ya hablaré, pero de momento un ejemplo representativo de cómo una música puede llegar a tener más importancia visual que no musical: la secuencia de la ducha en *Psicosis* (*Psycho*. Alfred Hitchcock, 1960). ¿Cuál fue la aportación que hizo Bernard Herrmann para que esa escena fuera tan impactante?

Cuando Hitchcock acabó de rodar la película, se mostró insatisfecho y decidió recortarla para incluirla en el programa televisivo de episodios *Alfred Hitchcock Presents*, que por entonces tenía mucha audiencia. Sin embargo, Herrmann le sugirió irse de vacaciones para darle tiempo a escribir una partitura con la que solventar los inconvenientes que preocupaban al director. Hitchcock accedió, pero le dio una indicación precisa: no quería oír ni una sola nota en la secuencia de la ducha. Herrmann no le hizo caso y compuso para esa escena un tema que acabó por ser uno de los grandes referentes cinematográficos. El realizador, cuando la vio, no sólo se mostró entusiasmado por su impactante efecto sino que decidió estrenar la película.

Esa escena ha hecho correr ríos de tinta en análisis sobre las causas de su impacto y las intenciones del compositor, quien se limitó a definir su propósito con una escueta palabra: *terror*. Una de las interpretaciones se refiere a la onomatopeya de los pájaros que Norman Bates (el personaje protagonista) colecciona disecados, como si fueran estos los que atacasen a la víctima. El sonido constante y obsesivo de los chirriantes violines y el hecho de que, poco después, Hitchcock dirigiera *Los pájaros* (*The Birds*. 1963), sustentan esta teoría. Una segunda versión apunta a la posibilidad de que esos sonidos estén reproduciendo los gritos desesperados de dolor de Marion Crane (la víctima), lo que situaría la música en el epicentro de la tensión. La tercera teoría, y la que a mi juicio más se aproxima a la realidad, es la que afirma que los violines emulan el apuñalamiento que asesta Bates a la mujer, que en realidad no recibe ninguna cuchillada: si se observa la secuencia, efectivamente, no se desgarra la carne, lo que multiplica el desconcierto del espectador.

La realidad, en mi opinión, es más sencilla, y por ello más genial. Marion Crane recibe nueve cuchilladas que el espectador percibe visualmente. Bernard Herrmann, con los histéricos violines, propina al espectador un total de cincuenta. Eso implica que mientras se está viendo nueve puñaladas, lo que se percibe psicológica y emocionalmente son cincuenta salvajes estocadas. Si Herrmann hubiera acompasado los violines con los ataques, la secuencia no tendría efecto alguno. Por el contrario, al haber creado una situación irreal, lo que se genera es un estado de auténtico caos, provocado por la brutal ruptura entre la percepción visual y sonora. La música no acompasa la imagen y va por libre, de tal manera que el espectador debe enfrentarse, en breve espacio de tiempo, a dos efectos dramáticos –el visual y el sonoro– opuestos. Es un caos que dura poco en el tiempo pero que se hace eterno en el inconsciente de quien es testigo de la matanza. Además, para impedir que el espectador pueda reaccionar, hace que no tenga la misma cadencia, sino que lo altera anárquicamente, multiplicando la sensación de desorden y, por consiguiente, de terror. Así es lógico comprender que Hitchock, viéndolo, quisiera estrenar la película, que fue, además, su filme más rentable. Herrmann, pues, hizo un uso de la música visual.

Recuerden ahora la música ¿Creen que despertaría la ovación del público en salas de concierto acostumbradas a escuchar Mozart, Bach o Beethoven? Honestamente, no. Ese tema es de una sencillez absoluta. Pero, ¿quién podría superar su efecto? Naturalmente lo que Herrmann escribió fue música, pero por encima de ello hizo cine. Por la misma razón, hay que comprender que las verdaderas intenciones de músicas tan incómodas y hasta desagradables como las que escribieron el dúo Trent Reznor y Atticus Ross en *Millenium: los hombres que no amaban a las mujeres* (*The Girl with the Dragon Tattoo.* David Fincher, 2011), Hans Zimmer en *El Caballero Oscuro: la leyenda renace* (*The Dark Knight Rises.* Christopher Nolan, 2012) o Roque Baños en *Posesión infernal (Evil Dead)* (*Evil Dead.* Fede Álvarez, 2013) están en el interior de las películas, y sólo dentro de ellas es donde encuentran su verdadera razón de ser.

Eso sí, una cuestión planteada con frecuencia es la validez de la música de cine que se escucha fuera del cine, en ediciones discográficas o en conciertos. Es decir, fuera de su ámbito natural. Decir que cuando una música se separa del celuloide pierde parte de su sentido no es una apreciación incierta, pero conviene hacer matizaciones. En primer lugar, efectivamente el destino de una música escrita para una película es la película. Eso lo saben los compositores, aunque haya quienes aprovechen el cine como autopromoción, al margen de las necesidades del filme. En cualquier caso, es significativo que cuando un escritor trabaja para el cine su obra se llame *guion* y, como tal, no puede ser comparado con una novela, aunque el *facto* de escribir sea el mismo (cambia la técnica). Pero el compositor no puede, injustamente, sustraerse de la valoración comparada incluso a pesar de que no está trabajando en el mismo medio. Eso hace que pueda ser discutido si realmente existe un género musical que pueda llamarse *cinematográfico*. Michel Chion afirma en su libro "La musique au Cinéma" que «*no existe un estilo de música cinematográfica propiamente dicho. Esta música bebe de todas las fuentes, del mismo modo que un compositor de música de concierto o de ópera. La diferencia está en que este último, en principio, puede escoger con toda libertad cómo crear su estilo personal, no sólo a partir de lo que inventa, sino también de lo que toma de otros*».[2] Lo que hace Chion es un análisis estrictamente musical y, desde esa perspectiva, su afirmación es válida... en todo caso, lo importante es insistir en que cuando la música traspasa lo musical y se adentra en terrenos visuales, entonces es cuando nace como género único. Sigue

---

2 "Il n'existe pas à propement parler de style de musique de film. Celle–ci prend son bien partout, à l'instar, d'a illeurs d'un compositeur de musique de concert ou d'opéra. La différence est que ce dernier a tout loisir, in principle, de créer son style personnel, non seulement à partir de ce qu'il invente mais aussi de ce qu'il prend aus autres". Chion, M.. «La musique au Cinéma» (Fayard, 1995). P. 248.

siendo música, naturalmente, pero es algo distinto, porque se sostiene en estructuras narrativas propias que, aunque puedan ser muy cercanas a, por ejemplo, la ópera, tienen entidades muy específicas del medio audiovisual, como por ejemplo la capacidad de hacer con música un primerísimo primer plano en un plano general, como ya veremos. Como un escritor de novelas habrá de cambiar su técnica, incluso su estilo, para hacer guiones, igual sucede con el músico. Por eso, porque la música cinematográfica requiere de su propia técnica, sí debería ser considerada un género aparte, aunque sea cierto que, como tal, no existe un estilo cinematográfico.

En todo caso, los compositores trabajan para conseguir el máximo beneficio. Pero una vez cumplida su misión, ¿deben resignarse a que su obra se conozca tan sólo desde la película? Desde luego que no. Eso sí, cuando renuncia a los elementos motívicos y aplicativos, incluso al propio concepto de género, asume que será valorado desde su perspectiva objetiva (el *qué*). Lo mismo vale para los conciertos de música de cine: se expone a ser comparado con otros compositores cuya música sólo se toca en las salas de conciertos.

Otra cuestión es la relacionada con las creaciones contemporáneas que se aplican en películas del cine mudo. Es obvio que cualquiera puede tomar una película y elaborar, a partir de lo que le inspira, una partitura. Pero eso no la convierte en la *banda sonora* de la película, puesto que es una mera interpretación. Poner música al cine mudo se ha convertido, en ocasiones, en una oportunidad para el lucimiento personal de algunos músicos, que trabajan en óptimas condiciones al no contar con otra objeción que la propia. Algunas veces, el resultado es brillante; otras, no tanto.

Cuando se aborda la música de cine desde una perspectiva musical (el *qué*), se hace un análisis rigurosamente musical, lo que, por sí solo, es insuficiente. La música de concierto, por ejemplo y en principio, es un acto de creación voluntaria que no requiere ser justificada. En el cine, por el contrario, impera lo justificativo. Como música aplicada debe necesariamente justificarse, tener una razón que avale su presencia y, en definitiva, que responda al *por qué* de su existencia. Lo contrario sería un sinsentido. Si al paisaje apocalíptico le incorporamos un bello vals, habrá que justificar la presencia de ese vals necesariamente, o será algo inaceptable. Esta es la gran diferencia que hace que la buena música de cine, más que música, sea cine. Y es en este punto donde no puede establecerse comparación entre, por ejemplo, la música de un compositor de música concertista y la de un compositor de cine: el vehículo de expresión (la música) es el mismo, pero los campos de acción (la sala de concierto y la pantalla grande) son diferentes. El compositor de cine, pues, tiene un doble cometido: por un lado, escribir música; por otro, hacer que tenga un sentido, una utilidad cinematográfica. Y puede lograrlo sin sacrificar su ideario musical o sus convicciones, aunque a veces deba hacer esos sacrificios, por el bien de la película. Más adelante atenderé al tercer elemento característico de la música del cine, que es la forma (el *cómo*) se aplica, también muy importante.

La música es una creación humana que expresa emociones humanas y que, aplicada en el celuloide, incorpora esa dimensión y la traslada a los espectadores. Pero puede ir más allá: piénsese en lo que sucede en el género de animación o en filmes o documentales sobre el mundo animal. ¿Acaso los dibujos animados –en el caso que representen a seres humanos– no son más que figuraciones esquemáticas o elaboradas de personas, pero no son personas en sí mismas? La música, tratándolos como si fueran seres reales de carne y hueso, contribuye a humanizarlos. Y en el caso de los animales es aún más evidente. No existe música en el reino animal, los animales no viven, cazan o sienten a través de la música, pero cuando se les aplica música, se le atribuye emociones o sentimientos humanos para que, de esta manera, los espectadores sientan emociones humanas aplicadas sobre animales, una de las muchas licencias que se permite hacer con la música, algo aceptado y no cuestionado. Por supuesto, lo mismo es aplicable a bestias imaginarias, seres de otros planetas o máquinas. Todo, con tal de que la música sirva para humanizar, o al menos atribuir emociones comprensibles.

Pero hay unos límites que la música no puede alcanzar y que, si lo intenta, no lo consigue y provoca un efecto contrario al deseado. ¿Qué música tiene el acto de beber un vaso de leche o el de comer una naranja? Eso no tiene música alguna que lo pueda explicar. Podemos poner *la música de la sed* o *del hambre*, también la *del placer*, o de cualquier reacción emotiva que se produzca de beber un vaso de leche o comer una naranja. Pero el acto en sí, el alimenticio, no es posible explicarlo con música porque es un acto biológico. ¿Qué música puede ponerse a una violación? Ninguna. Puede ponerse música desde la perspectiva del violador (desprecio, locura), o de la víctima (humillación, sufrimiento), incluso puede hacerse partícipe al espectador (violencia), pero no encontraremos música que pueda explicar o nivelarse con el acto –salvaje, inhumano– de una violación. Desde luego, si pretendemos explicarlo como tal, no las reacciones que provoca. En *La lista de Schindler (Schindler's List.* Steven Spielberg, 1993), cualquier música que se pusiera para intentar equipararse al horror y depravación nazi y el Holocausto estaría inevitablemente por debajo y lo banalizaría: lo que es inasumible e inexplicable, no puede asumirse ni explicarse con música. Por esa razón, ni una nota de la música de John Williams estuvo dedicada a esa labor.

¿Qué música, en sentido estricto, puede aplicarse a un zombi? Pues ninguna si se les trata como zombies, trozos de carne andantes sin alma ni espíritu. Ponerles música los humaniza, les otorga sentimientos que ya no tienen y, además, de hacerlo ¡se les da esperanzas de volver a ser humanos!, lo que no deja de ser cruel. Sé que es una frivolidad hablar ahora de zombies (que son ex humanos), pero es divertido ver cómo suelen ser tratados en muchas películas. Generalmente, se les aplica música amenazante, pero esa música va dirigida a reforzar la sensación de peligro del espectador y personajes, no a describirlos. De hecho, si a uno le aplicásemos la música de un violín, automáticamente el espectador vería en él que aún no ha perdido su alma, su espíritu. En la exitosa serie televisiva *The Walking Dead* (2010) la música de Bear McCreary está orientada –aparte de la que aplica a los humanos– a generar impresiones de angustia, pero hay un capítulo en la segunda temporada singularmente interesante. En el mismo, los protagonistas que han descubierto que un grupo numeroso de zombies han sido recluidos en un establo, abren las puertas para que salgan y ejecutan una gran matanza. Toda esta secuencia es acompañada por una muy bella música dramática, intensamente afligida. Expresa el dolor y el desconcierto de uno de los humanos que los tenía recluidos con la esperanza de poder recuperarlos algún día, cuando la Ciencia lo permita, pero también se aplica sobre los zombies y, súbitamente, estos son convertidos en humanos, no en meros trozos de carne andante. Al humanizarlos, se puede empatizar más con ellos.

Pero los zombies no tienen música, como tampoco una piedra, un vaso de leche o una violación, y tampoco hay música heterosexual, homosexual, masculina o femenina. Hay que tener control de los límites que no conviene traspasar para no banalizar y, por el contrario, saber utilizar la no música con propósitos que al final pueden acabar siendo musicales, como desarrollaré en otro apartado. Y, a partir de ahí, todo es una cuestión de elección, de determinación sobre cómo queremos que el espectador vea una secuencia. Por ejemplo: imaginen una escena en la que una pareja está manteniendo relaciones sexuales, en la intimidad de una habitación. Según la música que apliquemos, estaremos viendo diferentes historias sobre unas mismas imágenes: si hay música romántica, veremos a una pareja enamorada; si suena música cálida y sensual (con saxo, que es el instrumento más sexual) veremos deseo carnal (según el grado de intensidad de la música, ese deseo tendrá mayor o menor fuerza); si ponemos una música muy dramática... bueno, ¿están aprovechando su última ocasión porque llega el fin del mundo?; ¿y si no ponemos nada de música? Pues convertiremos ese acto en un acto biológico, una pura cópula tan *animal* como lo es beber leche o comerse una naranja. No cambiamos un ápice de la escena, de su montaje o su coreografía. Simplemente, aplicando una de esas opciones, decidimos cómo ha de verla y entenderla el espectador. Ni siquiera necesitaremos la ayuda de los diálogos que nos expliquen si se aman, se desean o temen la llegada de un meteorito catastrófico. La música lo hace todo. Y eso forma parte esencial de su poder.

El objetivo no es sólo resolver de una manera u otra una escena, determinar cómo ha de verla e interpretarla el espectador, sino hacer una construcción global que tenga sentido y sea lógica, que no deje cabos sueltos y, lo más importante, que lo que se quiera explicar con la música sea comprendido. Y para ello, no basta con tener muchos ánimos y ganas: la emoción no construye un guion musical, del mismo modo que, como ya he indicado, nadie vence en una partida de ajedrez a golpe de pasión. Hay que saber definir una estrategia, calcular los efectos que se logran con cada movimiento de ficha y, sobre todo, conocer bien los recursos que se disponen para lograrlo.[3]

---

3 En su libro «The Emerging Film Composer» (Amazon, 2006. P. 68) el autor Richard Bellis da un consejo útil a los jóvenes: "La tendencia de los estudiantes de música de cine es escribir sus impresiones de la escena. Cuando esto sucede,

2. El territorio de la música de cine

En lo que resta de libro, desarrollaré esos recursos, que son en su gran mayoría específicos del medio audiovisual y que permiten hacer que la música sea, más que buena, útil. Porque este es el territorio de la música para el cine.

---

simplemente están reiterando lo que la escena ya está diciendo. Sería mejor diagnosticar lo que la escena necesita que se diga y lo que no. Si la escena es completa sin música entonces no debería haber música. Esto es lo que supone estar al servicio del filme. Cuando meramente escribes tus impresiones sobre el filme, estás usurpando la película para tus propios métodos creativos"

3. Categorías en la música

La música aplicada en el cine tiene características propias que la convierten en una herramienta de narración sonora y visual. Otras proceden de la tradición y usos en la composición en general, pero tanto si son genuinas como si han sido incorporadas de otros ámbitos se utilizan para la construcción del discurso narrativo que deriva en el guion musical. Y como es muy importante conocer las razones por las que se inserta, los modos en que se aplica y la interrelación que se establece con la película, es imprescindible comenzar con unas definiciones teóricas básicas pero esenciales. En este capítulo desarrollaré categorías que se interrelacionan y que, además, necesitarán ser complementadas con lo que se aborde en los capítulos siguientes, hasta llegar al final del libro: por tanto, ningún apartado debe considerarse concluido y definitivamente desarrollado sin tener en cuenta los siguientes.

3.1. Por su origen: música original, preexistente y adaptada

En una banda sonora puede coexistir música original, escrita expresamente para el filme, y música preexistente, creada con anterioridad y no para el filme (como por ejemplo, música clásica). Como veremos, aplicar música original goza de muchas ventajas y pocos inconvenientes; por el contrario, recurrir a música preexistente comporta ciertos riesgos, si bien también tiene sus virtudes. Eso sí, son bastantes las ocasiones en las que se emplea música preexistente sin prever sus peligros y no son tantas las razones que justifiquen su presencia.

Si una película trata sobre la vida de un compositor, lo lógico es que suene su música: en *Amadeus* (id. Milos Forman, 1984), la banda sonora está integrada por temas de Mozart, como no podía ser de otra manera. Si un filme se ubica en un momento histórico y lo que se quiere es ambientarlo, es razonable que se recurra a música del período, aunque con cuidado: poner música de Haendel en un filme ambientado en la Corte británica del XVIII tendría sentido, pero sería discutible en una película que, aunque ubicada en el mismo país y siglo, se centrase exclusivamente en la vida de los campesinos: ¡difícilmente pudieron llegar a escuchar en vida a Haendel!. Si un personaje tiene especial predilección por una melodía popular y conocida, o por un cantante, no es descabellado que esa melodía o las canciones de ese cantante estén presentes, ya sea porque el propio personaje la escucha o porque se quiere enfatizar esa preferencia.

Las razones que justifican la presencia de música preexistente son sustancialmente las argumentales, es decir, que la película la demande para su ambientación, la comprensión de un personaje, el contexto histórico o alguna referencia. Sucede por ejemplo con la música asociada al personaje de Bela Lugosi que interpreta Martin Landau en *Ed Wood* (id. Tim Burton, 1994), donde se incorpora un fragmento de *El lago de los cisnes*, de Tchaikovsky, porque ese fue el tema principal de la banda sonora de *Dracula* (id. Tod Browning, 1932), la película que lanzó al estrellato a Lugosi, y porque de esta forma se pone énfasis en la ya pasada época de esplendor del viejo actor húngaro, simbolizando también el ocaso y el fracaso que le acecha de forma irremediable. Pero también puede aplicarse música preexistente cuando aparentemente no está justificada pero sirve para efectuar un contraste deliberado, tal y como sucedió en *2001: Una Odisea del espacio* (*2001: A Space Odyssey*. Stanley Kubrick, 1968), donde se aplicó el *Danubio azul* de Strauss sobre unas imágenes futuristas. O en el caso de la combinación entre canciones y música clásica que Sofia Coppola aplicó en *Marie Antoinette* (id. 2006), donde las canciones acompañaban a la reina protagonista y la música clásica (barroca) al entorno de la Corte. Pero si la música preexistente no tiene justificación clara en la película se corren tres riesgos importantes: el primero de ellos es estético, que la inserción de esa música no justificada argumentalmente rompa la unidad de criterio estilístico del conjunto del guion musical. En otras palabras, que esa música no tenga absolutamente nada que ver con las otras músicas que conviven en el filme.

El segundo de los riesgos es el narrativo: que la inserción impostada de un tema preexistente esté ocupando el sitio que, por lógica, le correspondería ocupar a un tema de musical original. Si es así, se puede interrumpir o incluso destruir el desarrollo de ese tema *desalojado* de su sitio. Los resultados pueden ser perjudiciales para la película y nefastos para el guion musical.

El tercer y más importante riesgo es el peligro de distraer la atención del espectador, y no hay nada peor que eso. Una película no puede permitirse que el espectador, de pronto, empiece a pensar dónde ha escuchado la música que está sonando, o bien se ponga a tararearla, sin prestar atención a lo que se está narrando. Si esa música, en lugar de *meterle* en el filme (que es el objetivo de la música original y una de sus grandes bazas, si está bien hecha), le hace perder la atención y, por tanto, le *saca del filme*, será un claro desacierto, porque el espectador no estará tan pendiente de la película como de intentar recordar dónde ha escuchado esa música. No es casualidad que estas situaciones las provoquen algunos directores en su empeño de que suene una música que les gusta, incluso cuando nada tenga que ver con el filme y casi siempre en contra del criterio del compositor.[4]

Un ejemplo que reúne esos tres riesgos lo encontramos en el malogrado guion musical de *El hombre elefante* (*The Elephant Man*. David Lynch, 1980), película que narra la vida de John Merrick, un joven que en el Londres de finales del siglo XIX, sufrió una terrible malformación que hizo que fuera exhibido como una bestia en un circo, pero que fue rescatado y hospedado por un médico en un hospital. El compositor John Morris había ideado un inteligente guion musical que se vio frustrado por la inadecuada imposición del director del *Adagio para cuerdas* de Samuel Barber en la secuencia más relevante dramáticamente, cuando el protagonista, habiendo cumplido sus humildes objetivos vitales, y sabiendo que le quedaba poco tiempo

---

[4] No pocas veces un director se empeña en poner alguna canción que significa mucho en su vida. El problema es que para el espectador esa canción no signifique absolutamente nada. Cuando algún joven realizador me ha hecho una consulta al respecto, mi respuesta es inevitable: "tienes dos opciones: o pones un cartelito en el momento en que aparezca la canción diciendo que significa mucho para ti o la justificas, por ejemplo haciendo que uno de los personajes la mencione o se refiera a ella de alguna manera. O hasta poniendo un póster del cantante en la habitación del protagonista. Así es como la justificas y con ello puedes, si quieres, poner el repertorio completo del cantante, que a nadie estorbará porque su presencia será entendible".

de vida, decide quitarse la vida durmiendo tumbado como los demás humanos y con ello asfixiándose por el peso de su enorme cabeza.

En la idea del compositor estaba atribuirle al protagonista no uno sino dos temas: el de la bestia (tal y como los demás lo veían) y el de John Merrick, el ser humano que se escondía bajo ese horror físico. El tema central de El hombre elefante arrancaba como tema inicial con todo su poderío: una música que incorporaba lo circense, lo dramático/melancólico y un color apagado, a modo de *música en blanco y negro*. Este tema sería utilizado en un breve fragmento en la escena en la que el doctor Trevis y un colega observan al protagonista desde una ventana, mientras regresa al carromato que le llevará de vuelta al circo.[5] Luego, en otra escena, mientras el celador hace su ronda nocturna por el hospital, que le llevará a descubrir al protagonista en su habitación, suena una variación dramatizada que sirve para allanar el camino en ese encuentro. Una nueva aparición es en la escena de la humillación, donde toma la forma de macabro ballet, y de la que hablaré más adelante, en otro apartado. Y tras ella, ya no debería volver a sonar hasta su completa destrucción, cuando John Merrick regresa a Londres tras su secuestro y en la estación Victoria es perseguido por la muchedumbre. Aquí, John Morris aplicó una variación quebrada del tema. Siendo el punto final a su pesadilla, era su hábil manera de destruirlo.

Paralelamente, el tema central de John Merrick debía tener tres apariciones: en la primera, cuando el doctor Trevis y el director del hospital le escuchan recitando un poema y descubren que no es un deficiente mental. Una poética melodía que aderezaba la dignidad del protagonista. En su segunda aparición se ampliaba, en la secuencia en la que, en su habitación, comienza la construcción de la maqueta de la catedral (cuando la acabe es cuando decide poner fin a su vida). Y teóricamente no debía volver a sonar (completamente desarrollado) hasta la escena donde decide que es momento de acabar con su sufrimiento y morir. En este punto, el tema central se erigiría como tema principal, y sustituiría en poder y relevancia al tema de la bestia.

---

[5] Los dos doctores hablan de él y uno le pregunta al otro por cómo cree que debe ser su estado mental. El doctor Trevis contesta que cree que es imbécil (no en el sentido insultante del término) y que confía que así sea. En ese momento, porque lo ve como una bestia, suenan unos acordes de ese tema.

Pero David Lynch insertó ahí el adagio de Barber y dejó sin sentido al tema de John Merrick. Y castrado este, no se le ocurrió otra cosa que cerrar la película con una variación apagada del tema de El hombre elefante. En otras palabras, de nada había servido el proceso de dignificación y humanización de la bestia: en la película, John Merrick acababa siendo nuevamente una bestia.

Se rompía así la unidad estilística de la música en la película, pues poco tenía que ver con lo que John Morris había hecho. No negaremos su exquisita belleza, pero nada tenía que ver con lo que había ido edificando a lo largo del filme. Lynch no contaba con que unos años después se insertaría el adagio en *Platoon* (id. Oliver Stone, 1986), película que tuvo gran éxito y que contaba con estupenda música de Georges Delerue. La consecuencia fue catastrófica para *The Elephant Man*: las nuevas generaciones de espectadores del filme de Lynch, al llegar la escena de la muerte, inevitablemente exclamaban *¡es la música de Platoon!*. Y la secuencia, la más importante del filme, perdía todo su dramatismo: en lugar de *meter* al espectador, lo *sacaba*.[6]

Si en *2001: A Space Odyssey* el público identifica el vals de Strauss es porque hay una pretensión de que así sea, para efectuar un contraste entre imágenes futuristas y música popular clásica. En cambio, cuando se identifica una música y distrae la atención de la película, entonces algo ha fallado. Eso sí, el cine de Woody Allen está plagado de temas preexistentes, con músicas de Gershwin o de maestros del jazz, pero en realidad está justificado al vincularlas con la ciudad de Nueva York. Y en las películas de Quentin Tarantino las bandas sonoras están plagadas de temas preexistentes de otras películas, pero también tiene su justificación, sustancialmente estética, y es algo que el espectador acepta con agrado porque forma parte de la propia esencia de esos filmes y de la *marca Tarantino*. En una saga o serie de películas que desarrollan una misma historia o tienen a un mismo personaje, es lógico que se escuche la música de los filmes previos, como en la saga iniciada en *La Guerra de las Galaxias* (*Star Wars*. George Lucas, 1977) o en la serie de filmes del agente James

---

[6] Si David Lynch hubiera puesto el adagio como tema de John Merrick desde buen principio, todo tendría más lógica y el discurso funcionaría bien, siempre y cuando no volviera luego a aplicar el tema de El hombre elefante, claro.

Bond. Por su parte, las citas o referencias a músicas preexistentes de otras películas en filmes que en principio nada tienen que ver con los originales suelen tener fines paródicos, por lo que también están justificadas. No son propósitos paródicos los que hacen que en el filme de animación *Los increíbles* (*The Incredibles*. Brad Bird, 2004) la música de Michael Giacchino –completamente original, por otra parte– tenga una sonoridad muy cercana a las músicas de John Barry para la saga James Bond, pero sí hay una pretensión de referenciarlas. Como también hay una muy cercana referencia a la música del veneciano Antonio Vivaldi en la creación original que firmó el francés Georges Delerue en *Un pequeño romance* (*A Little Romance*. George Roy Hill, 1979), película de amores juveniles que transcurre en la ciudad de los canales.

La gran virtud de la música original es su capacidad integradora. El espectador no la espera, no la conoce y, por tanto, en principio no distrae ni estorba su atención (salvo, claro, que sea una música inadecuada y no funcione bien). Pero además tiene algo de lo que carece la preexistente: su flexibilidad en su modulación y en su duración. Con la música original, un compositor puede pautar con precisión todas las inflexiones que tenga una secuencia, como por ejemplo dar énfasis a unos segundos determinados, ser sutil en otros, subir o bajar su tono, etc. En definitiva, acoplarse a lo que necesita esa escena, también a su duración y diálogos. Por el contrario, la música preexistente es inflexible, inmodulable, y tiene tiempo determinado, invariable (salvo que se haga algo tan poco elegante como cortarla porque es más larga que la secuencia). Si no se planifica una escena en función de esa música preexistente, difícilmente se acoplará con la precisión que ofrece la música original.[7] Con música original podemos hacer variaciones sobre un tema, ampliaciones o restricciones, podemos reducirlo a motivo o fragmento, y en definitiva modularlo según las necesidades narrativas del filme.

Hay supuestos en los que la música preexistente puede funcionar bien sin necesidad de ser justificada, incluso a costa de

---

[7] El compositor de cine es como un corredor de obstáculos: debe saber sortear diálogos, giros, énfasis y cuantas precisiones necesite una escena. Por el contrario, la música preexistente puede tener, en su aplicación cinematográfica, una linealidad destructiva.

romper la unidad estilística, pero siempre y cuando no se vulnere la continuidad narrativa ni, por supuesto, se distraiga la atención del espectador. Sobre un asesino en serie, por ejemplo, puede aplicarse música de Bach, conocida por el público, porque de esta manera lograremos llevar el mensaje al espectador de que este siniestro personaje es refinado, culto y sofisticado, sin necesidad de que sea explicado en el guion literario. Forma parte de la inmediatez que tiene la comunicación musical. Si en una película quiere marcarse un punto y aparte, un paréntesis o una escena al margen de las restantes, entonces la diferenciación estilística puede ser óptima. En *Elizabeth* (id. Shekhar Kapur, 1998), con música de David Hirschfelder, se aplica el *Réquiem* de Mozart en la secuencia cumbre: cuando la reina decide renunciar a su condición de mujer y convertirse en institución: corta su pelo, cubre su rostro con denso maquillaje y pronuncia: *A partir de ahora, estoy casada con Inglaterra*. Se trata de una secuencia tan especial en el conjunto de la película que la música de Mozart contribuye a darle el adecuado tono ceremonial, casi religioso, que se diferencia del dramático con el que se narra el resto del filme. Eso sí, concluida esa escena, la película se cierra con música original.[8] Algo parecido sucede en *El discurso del Rey* (*The King's Speech*. Tom Hooper, 2010): la escena más importante de la película (la del discurso radiofónico que da el Rey), no es acompañada por la música de Alexandre Desplat (dueño musical del resto de la película) sino por la *Séptima Sinfonía* de Beethoven: se concede a esa escena un estatus especial y diferenciado, también ceremonioso, y se marcan claras distancias dramáticas y narrativas con el resto de la película. En ambos casos, además, se montaron las escenas en función del ritmo de la música. De otro modo, hubiera sido imposible.

Un ejemplo reciente de aplicación de música preexistente que ha generado cierta polémica es el uso hecho del tema romántico que Bernard Herrmann escribió para *Vertigo* (id. Alfred Hitchcock, 1958) y que se escucha en una de las escenas más dramáticas –el intento de suicidio– de la celebrada película francesa *The Artist* (id. Michel Hazanavicius, 2011), que tiene música original de Ludovic Bource. Es

---

[8] Este ejemplo, que es de resultado eficiente, no es comparable al mencionado en *The Elephant Man* y su secuencia cumbre donde suena el Adagio de Samuel Barber, ya que en este filme hay un tema original que tenía en esa secuencia su conclusión lógica.

cierto que la música que Bernard Herrmann escribió para la famosa escena del beso con travelling circular en la película de Hitchcock no es propiamente un tema de amor al uso, sino más bien un tema sobre la desesperación por el amor, la irremediable necesidad de poder seguir amando al ser perdido, y en la película de Hazanavicius se extrae y aprovechan los elementos más trágicos de esa música que, descontexualizada de su referente original, funciona de maravilla en la secuencia en la que se aplica. No se cae en los riesgos estéticos y narrativos porque, siendo un filme que evoca las películas del cine mudo tiene lógica que la música no esté estructurada sino que sea una sucesión de temas que van resolviendo las secuencias según se suceden, que es lo que se hacía en muchas de aquellas películas, por lo que, no habiendo estructura temática, ese tema no ocupa espacio que le pueda pertenecer a otra música. En lo que respecta al tercero de los riesgos, la decisión es algo más complicada porque, cuando llega la escena en cuestión, el espectador más cinéfilo puede ponerse a pensar más en *Vertigo* que en lo que está sucediendo en la secuencia. La música saca al espectador de la película, en lugar de meterle en ella.[9]

En todo caso, dado que la música preexistente es, *per se*, inflexible y no modulable, y su duración es limitada y, si no, se monta la escena en función del ritmo y duración de la música, cabe el recurso de adaptarla. Eso sí, aunque se adapte, sigue siendo esencialmente preexistente y, como tal, tendrá que ser justificada.

3.2. Por su aplicación: música diegética e incidental. La falsa diégesis

Dos son las maneras de aplicar la música: la diégesis y la aplicación incidental (o extradiegética). La música en diégesis, al provenir de fuentes reconocibles (la que surge de radios, equipos de música, instrumentos, etc.), la oyen o escuchan los personajes del filme y su sentido es realista. Se ubica en un lugar concreto y su duración es exacta. En *Casablanca* (id. Michael Curtiz, 1943), se toca

---

[9] Yo creo que la música funciona bien porque su carga trágica se corresponde con lo narrado, y la propia película está llena de referencias directas a otras películas clásicas. Ahora bien, no era estrictamente necesario.

en el piano la canción *As Time Goes By*: es realista (un hombre toca el piano y canta una canción), está ubicada en un lugar concreto (el café Rick), y su duración es exacta (la que el personaje tarda en ejecutarla). La música incidental, al no provenir de fuentes naturales, sino abstractas, el espectador no reconoce su lugar de procedencia y los personajes no la escuchan, no tiene sentido realista (¿de dónde viene la música en la secuencia de la ducha de *Psycho*?), se ubica en lugares tan inconcretos como el ambiente, la psicología o las emociones de los personajes, y su duración no responde a criterios de exactitud, sino que se prolonga en función de las necesidades de cada escena, pudiendo interrumpirse y reanudarse mucho tiempo después.

El campo de acción espacial y dramático de la diégesis tiene limitaciones en comparación con las posibilidades de la incidental. Físicamente, la música diegética sólo puede llegar hasta allá donde suene: su espacio es limitado (es decir, que la música de una radio sólo puede ser escuchada por los que estén cerca del aparato). En cambio, el espacio de la música incidental es ilimitado, ya que no conoce límites, puesto que los rompe: con la música diegética, si un personaje se aleja de la fuente de origen, se aleja también de la música. Con la incidental no sucede, ya que puede acompañarle allá donde vaya. La música diegética abarca todo el escenario en el que suena, y no es posible ni concretarla ni expandirla. Por el contrario, la música incidental sí puede concretarse o expandirse más allá del campo escénico o visual. Y, por supuesto, la duración de una música en diégesis es finita: durará lo que tarde el disco en acabarse o la orquesta en tocarla, en tanto la duración de la música incidental es infinita.

Supongamos una secuencia que transcurre una mañana soleada, en un parque. Tenemos, en plano general, a dos personajes (los protagonistas) sentados en un banco, declarándose su amor. Junto a ellos, juegan unos niños, pasean gentes y unos ancianos leen el periódico. En el parque hay un templete donde una orquesta interpreta música romántica. Esa música, obviamente, es oída o escuchada por los protagonistas, los niños, las gentes y los ancianos, y su extensión abarca todo el plano. Imaginemos ahora que repetimos la secuencia, con la única excepción que no hay orquesta en el templete. Si la misma música suena incidentalmente ya no está siendo ni oída ni escuchada por los protagonistas, los niños, las gentes y los ancianos.

Como tenemos a los protagonistas declarándose su amor, hará evidente ante el espectador que esa música se está refiriendo exclusivamente a sus sentimientos. Por tanto, y en primer lugar, lograremos una suerte de primer plano dentro de un plano general; y en segundo lugar, pasará de ser ambiental (la de una idílica mañana soleada) a tener una intención dramática (la de expresar el amor de ambos protagonistas).[10] En el primer supuesto, la música diegética abarca todo el campo escénico; en el segundo, la incidental concreta un punto determinado.

La música diegética no tiene el potencial dramático de la incidental: si la violenta música que Herrmann aplicó en la escena de la ducha de *Psycho* surgiera de un equipo de música, no tendría efecto sobre el espectador, básicamente porque por su carácter realista el espectador tendría control sobre su fuente de origen. Por ello, cuando se ha querido emplear música diegética con efecto dramático, debe hacerse cierta preparación previa. En *El hombre que sabía demasiado* (*The Man who Knew Too Much*. Alfred Hitchcock, 1956), la secuencia más tensa se desarrolla durante un concierto en el que un asesino disparará a un primer ministro extranjero en cuanto suenen los platillos. Para generar el clímax y fomentar la tensión, el realizador tuvo que hacer una serie de concesiones, como la de explicar varias veces que eso era lo que iba a suceder, de tal modo que los espectadores ya estaban sobre aviso antes.

Pueden darse supuestos, sin embargo, en que la música diegética supere a la incidental en cuanto a eficacia dramática, sin necesidad de preparación. Un ejemplo lo encontramos en *Rocky* (id. John G. Avildsen, 1976). Una de las escenas más importantes acontece en la destartalada habitación del protagonista, cuando por vez primera se atreve a acercarse a su novia y ambos tantean su amor mutuo, besándose. En lugar de sonar incidentalmente un tema de amor al uso, lo que suena es una canción que escuchan en la radio. Y la escena tiene una gran fuerza. Pero hay razones que lo justifican: la más importante, la voluntad de dar a la escena y a sus personajes un tono sobrio, de modo que al no tener un arropamiento musical

---

[10] Y si la orquesta interpretara una música oriental, los protagonistas, los niños, las gentes y los ancianos estarían oyendo o escuchando una música oriental. Sin orquesta, y con la misma música, el espectador se preguntaría ¿dónde está el personaje chino?

emocional (música incidental) tanto Rocky como su novia quedan perfectamente retratados en su austeridad y humildad. Si se hubiera aplicado una música romántica incidental, la secuencia sería convencional.

Por otra parte, la música incidental es una música en movimiento, y por esa razón en las escenas estáticas (una charla en la mesa de un restaurante, por ejemplo) suele recurrirse a fuentes diegéticas para hacer más ligera y agradable la secuencia. Por el contrario, poner música incidental en una escena de ese tipo podría llegar a llamar la atención del espectador, que acabaría preguntándose de dónde sale la música, si su duración es prolongada. Los mismos diálogos trasladados a un paseo por un parque pueden ser acompañados por música incidental sin que resulte llamativo.

No siempre es necesario mostrar la fuente de origen de la diégesis para que la música sea considerada como tal: basta con que se haga evidente que los personajes la escuchan o por lo menos la oyen. Así, en secuencias en las que se baile una música cuya fuente de origen no es vista el carácter sigue siendo diegético. El cine musical, sin embargo, constituye una excepción, ya que supone una completa abstracción y no sigue los mismos patrones por su carácter singular. El cine musical –con los personajes cantando y bailando sin que exista fuente sonora de origen–, tolera y asume como natural lo que en otros géneros sería inconcebible o, cuando menos, extraño. Por ello es, en términos musicales, un género aparte.

La música en diégesis se justifica a sí misma: basta que un personaje la ponga o la toque para que su presencia en la escena sea plenamente comprensible; por el contrario, la música incidental no se justifica a sí misma y, para que su presencia sea comprensible, debe responder a unos criterios, algo que desarrollaré más adelante.[11]

---

[11] Si un personaje pone o toca una música en la escena, el espectador no puede cuestionar la presencia de esa música. Y si hay un error importante (como, por ejemplo, que en una película medieval los personajes bailen al son de una música del Siglo XVIII), el problema estará en el guion literario que ha hecho esa indicación (y en el guionista poco instruido), pero no en el hecho de que el personaje la toque o ponga.

Pero al margen de las diferencias de sus caracteres realista y abstracto, los espacios que abarcan, sus duraciones y todo lo expuesto, la aplicación de música en diégesis o incidental tiene una utilidad extraordinaria: con la música en diégesis, los personajes tienen control sobre la música; por el contrario, la música incidental controla a los personajes. Y lo que vale para los personajes, también sirve para los espectadores: en la diégesis, los espectadores tienen controlada la música; con la música incidental, quedan controlados por ella. Y si la música incidental controla a los personajes, no es difícil imaginar lo que supone tener a un personaje que no sólo no es controlado por la música, sino que es él quien directamente la controla. Eso, en primer lugar, ayuda a clarificar aspectos del propio personaje (*dime qué música escuchas y sabré cómo eres*), porque es a través de sus gustos musicales donde tendremos más información sobre su personalidad. Pero, en segundo lugar, lo refuerza frente a los demás personajes que sí son controlados por la música. Unos ejemplos:

En *La novia vestía de negro* (*La mariée était en noir*. François Truffaut, 1967), Jeanne Moreau encarna a una viuda que seduce y elimina a todos los implicados en el asesinato de su marido, ocurrido en el mismo día de la boda. Para ello, sigue el ritual de poner en un tocadiscos el *Concierto para Mandolina* de Antonio Vivaldi. La primera vez que lo hace, para el espectador no deja de ser una opción; las siguientes veces, ya es un acto de poder. En *Alguien voló sobre el nido del cuco* (*One Flew Over the Cuckoo's Nest*. Milos Forman, 1975), con música de Jack Nitzsche, toda la música incidental está vinculada al concepto de libertad y toda aquella en diégesis se relaciona con la opresión y dominio. Tenemos a dos personajes enfrentados, el de McMurphy (Jack Nicholson) –que no tiene ni una sola nota de música que le apoye– y la jefa de enfermeras Ratched (Louise Fletcher), de presencia agradable pero que es una tirana: ella es la que impone la música que los demás deben escuchar y los primeros enfrentamientos entre ambos son precisamente por la música, que él quiere que se quite y que ella obliga a escuchar. Algo parecido sucede en *American Beauty* (id. Sam Mendes, 1999), con música de Thomas Newman, donde la protagonista femenina – Annette Bening en el papel de una insufrible esposa– queda bien reflejada por la música que escucha y hace escuchar a su familia mientras cenan... hasta el punto que su marido estalla y exige infructuosamente que la quite. Pero si en estos dos ejemplos la música que pone un personaje evidencia su poder, en *El laberinto del Fauno* (Guillermo del Toro, 2006), con música de Javier Navarrete, se llegó más lejos: el capitán Vidal es un ser tan sumamente autosuficiente y seguro que no necesita música, sino que es él quien tiene control sobre ella: los pasodobles que pone en su gramófono no sólo le sirven para acompañarle en sus momentos de intimidad, sino que la presencia de esa música –cuando su sonido llega a las habitaciones contiguas– acaba representando una seria amenaza para el resto de personajes. En esta película se produce un hecho significativo y determinante para la construcción del guion musical: Mercedes, que trabaja como sirvienta del capitán Vidal y que protege a la niña Ofelia como si fuera su segunda madre, le canta en una escena una nana sin letra. Esa nana, que nace de su boca, arropará a la niña aquí diegéticamente y en el resto del filme incidentalmente, siendo un tema que la pequeña hereda y asume como propio.

En *Up* (id. Pete Docter y Bob Peterson, 2009), con música de Michael Giacchino, el que era un héroe en la niñez del protagonista es ahora un ser vil y siniestro, y este le recibe en su guarida con su música sonando en un gramófono, y no será precisamente una música de bienvenida. En *Distrito 9* (*District 9*. Neill Blomkamp, 2009), con música de Clifton Shorter, el desquiciado protagonista intenta sobrevivir en el gueto de los extraterrestres de Ciudad del Cabo, pero tiene unos límites que no le conviene traspasar, y son los que marca la música rap que la banda de peligrosos traficantes nigerianos pone en un equipo de Hi–Fi.

Hay otros casos en los que sucede lo contrario: personajes que intentan refugiarse en la música que escuchan y que, al no poder hacerlo por imposiciones de otros, se debilitan: en *Vertigo* Bernard Herrmann abordó el filme centrándose exclusivamente en lo referente a James Stewart y a Kim Novak. En el caso de Barbara Bel Geddes, si Hitchcock se cebó en su forzada *castidad* haciendo que fuera, nada más ni nada menos, una diseñadora de prendas íntimas femeninas, Herrmann la omitió por completo de su consideración, no dedicándole ni una sola nota: mayor soledad, imposible. La única música que escucha es la que proviene de un tocadiscos, que James Stewart le pide que quite, pues le molesta. Se trató de un recurso inteligente, que funcionó por contraste: un personaje *huérfano* de música incidental (cuando los demás gozan de ella, y abundantemente) es un ser prácticamente abandonado a su suerte. Y, en manos de Hitchcock, eso resultó desolador. En *La semilla del Diablo* (*Rosemary's Baby*. Roman Polanski, 1968), Mia Farrow intenta evadirse del estrés de sus molestos vecinos y de su complicado embarazo a través de su música favorita: el jazz. Pero cada vez que intenta poner un disco, alguien está para decirle que lo quite.

En todos estos casos mencionados, lo conseguido con la diégesis no habría sido posible, de ninguna manera, con música incidental. Por tanto, la música en diégesis –con sus muchas limitaciones– no se reduce al mero acto de incorporar realistamente música a una escena.

Tanto la música incidental como la diegética pueden coexistir en una película, y por supuesto un tema musical puede tener ambas aplicaciones, bien en continuidad (donde hablaríamos de tránsito de diégesis a incidental o viceversa) bien en escenas separadas. En *Casablanca* la canción *As Time Goes By* es tocada a piano en el Rick's Cafe y luego es escuchada incidentalmente, como referente dramático y romántico del amor entre los dos protagonistas. Pero esto no es un tránsito de diégesis a incidental: simplemente, se trata de un tema musical que se presenta diegéticamente y, más adelante, suena en forma incidental. En otras palabras, es un tema musical al que se le otorga la doble aplicación a lo largo del filme, lo que resulta útil narrativamente porque cuando suena incidentalmente se hace inmediata referencia (en el guion musical, no necesariamente en el literario) a aquella secuencia donde sonó diegéticamente. Un supuesto a la inversa lo encontramos en *Canción de cuna para un cadáver* (*Hush... Hush, Sweet Charlotte*. Robert Aldrich, 1964), donde la canción homónima es presentada en los créditos incidentalmente, para luego ser aplicada diegéticamente surgiendo de una caja de música. Aquí, la aparición de la música en diégesis no lleva al espectador a la referencia de los créditos iniciales, sino que los créditos iniciales han adelantado una referencia que se concretará (y materializará) cuando aparezca esa melodía diegéticamente. Todo ello, insisto, por el carácter realista que tiene la música aplicada en diégesis.

Cuando la música diegética pasa a ser incidental de modo continuado, estaremos ante un tránsito que posibilita que la música diegética, pasando a ser incidental, pueda mantenerse en el filme y sortear los impedimentos de espacio y de tiempo que le son intrínsecos: al dejar de ser diegético, un tema musical ya no tiene el carácter realista, puede moverse por otros escenarios, concretarse en algo y, sobre todo, tener una duración ilimitada. Pero es obvio que, si transita de la diégesis a lo incidental, deja de ser diegética, en tanto los personajes dejan de percibirla y sólo la oyen o escuchan los espectadores. En *El jovencito Frankenstein* (*Young Frankenstein*, 1974), sucede algo muy parecido a lo comentado con respecto a Hush... *Hush, Sweet Charlotte*: la película arranca en sus créditos iniciales con el tema musical de John Morris que, más adelante, se interpreta diegéticamente por algunos personajes, que lo tocan al violín. Su importancia argumental estriba en que es la música que emplean para atraer a la bestia o para calmarla. En este sentido, su aplicación inicial es una referencia adelantada. Sin embargo, hay un juego más sutil en esa doble aplicación. En una determinada escena, cuando el monstruo de Frankenstein se ha perdido y sus dueños intentar localizarlo, suben a lo alto de una torre y comienzan a tocar la melodía. En esta cómica secuencia, el monstruo responde a la llamada y, atraído por la música, comienza a escalar la pared de la torre, intentando llegar a sus amos. Para enfatizar su esfuerzo, aderezar lo humorístico y darle un tono grotescamente solemne, la música pasa inmediatamente a ser incidental. De hecho, los personajes han dejado de tocar sus instrumentos para ayudarle a subir, pero la música sigue sonando. Cuando la bestia ya ha acabado de subir y los personajes vuelven a sus instrumentos, la melodía pasa de ser incidental a diegética de nuevo.

La doble aplicación posibilita, pues, que un mismo tema musical asuma todas las características de ambas formas de aplicación, en sus correspondientes escenas. Hay otros supuestos muy útiles, y es cuando una música en diégesis se traslada a otras escenas pero manteniendo como referencia el punto de origen de esa música. Es decir, que se abren acciones paralelas que suceden mientras en otro escenario suena o se toca esa música: en *Ragtime* (id. Milos Forman, 1981), hay un excelente ejemplo. En la película, cuya música es de Randy Newman, un pianista afroamericano hace una prueba en un local donde pretende encontrar trabajo. Y se pone a tocar en el piano un tema ragtime ante el dueño del local. La música se traslada a otras secuencias, donde deambulan algunos de los personajes de este filme coral, para finalmente regresar a la escena, donde el pianista finaliza su prueba. Sucede también en *Atrápame si puedes* (*Catch Me If You Can*. Steven Spielberg, 2002), donde una canción, *The Look of Love*, suena incidental cuando el protagonista se encuentra a una modelo en el pasillo de un hotel, y ella le ofrece pasar la noche juntos a cambio de dinero. Esta canción sirve para resolver otra escena de un modo un tanto cruel: mediante un montaje paralelo, vemos a Carl –el policía que persigue al protagonista– en la lavandería, solo y sin música, para después volver a la escena erótica. Un nuevo corte nos vuelve a mostrar a Carl otra vez en la lavandería, pero ahora suena aquí también la canción, como mofándose de él. Y en las primeras secuencias de *King Kong* (id. Peter Jackson, 2005), una canción vodevilesca y alegre, *I'm Sitting on the Top of the World*, se intercala entre la función de teatro donde se interpreta con escenas de la calle.

En estos casos, es evidente que las músicas han tenido una doble aplicación; diegética cuando es escuchada por los personajes e incidental cuando se aplica sobre los demás, que no la escuchan, pero mantiene su diégesis en tanto los personajes que la tocan o cantan siguen presentes en las escenas donde no aparecen, pues se supone que lo que está aconteciendo sucede paralelamente. La gran utilidad que tiene una construcción narrativa como esta es la de no perder la referencia de una escena importante, aunque esta ya no esté en pantalla, pero también la de englobar a distintos personajes bajo una misma música y espíritu. En cierta manera, lo que transmite la música del pianista (con cierto tono melancólico, en este caso), sirve para explicar las vivencias de los demás personajes, y en el caso de *King Kong* se contrasta vivamente la alegría del teatro con la miseria que se vive en las calles. En *Origen* (*Inception*. Christopher Nolan, 2010), los personajes escuchan en el nivel real una canción francesa, *Non, Je Ne Regrette Rien* (cantada por Edith Piaf), y esta se traslada al nivel de los sueños incidentalmente, conexionando ambos niveles en tiempo, y en *Close Encounters of the Third Kind* la música de la comunicación con los extraterrestres es presentada y utilizada diegéticamente hasta finalmente trasladarse al terreno incidental, para dejar de ser un vehículo de entendimiento y pasar a implicar emocionalmente a los espectadores.

Este tipo de recurso permite vincular no sólo a un personaje con un conjunto de ellos, sino a dos personajes que no están juntos, pero que son unidos a través de la música, como sucede en *Catch Me If*

You Can. En una escena de *Expiación. Más allá de la pasión* (*Atonement*. Joe Wright, 2007), el protagonista pone un disco con la canción *O soave fanciulla, o dolce viso* (de *La Bohême* de Puccini) y, mientras escucha este tema preexistente, escribe una carta muy sexual a su amada, a la que vemos en un lugar distinto amparada por esa música, diegética con él e incidental con ella. Por tanto, el tránsito de lo diegético a lo incidental ayuda a ampliar el campo de acción de la música. Pero es un tránsito: cuando cambia su aplicación, deja de ser diegética y pasa a ser incidental. ¿Puede una música ser diegética e incidental a la vez? Eso es lo que hace la falsa diégesis, recurso que supera el carácter realista de la música diegética y le da un carácter abstracto, el propio de la incidental. Es fácilmente localizable en escenas de baile de películas históricas, cuando para enfatizar la solemnidad, majestuosidad o pomposidad del evento suena mucha más música (y más intensa) que la que objetivamente debería escucharse de los pocos instrumentos que hay en pantalla. Es decir: que podemos encontrarnos con un cuarteto o quinteto de músicos interpretando una música que sólo puede surgir de, como mínimo, una docena de instrumentos. O ver a un cantante cantando un tema con una música que supera, con creces, el número de instrumentistas que le acompañan. Como tal, la falsa diégesis permite emplear música diegética para darle un cariz incidental: los personajes aparentan escuchar una música que, objetivamente, es imposible que estén escuchando.

En las primeras secuencias de *El Padrino* (*The Godfather*. Francis Ford Coppola, 1972), hay una falsa diégesis, durante la boda de Connie (Talia Shire): sobre la imagen de la familia posando para una foto, empieza a sonar el vals que bailan Vito Corleone y su hija. El vals suena festivo, al igual que el resto de melodías diegéticas que se han escuchado en esta secuencia. Sin embargo, este vals no procede de una fuente sonora determinada y tiene además un breve crescendo que, al final de la escena, se sitúa por encima del sonido ambiente, en una progresión que confiere a la música una textura incidental y no diegética, pero que mantiene la apariencia (falsa) que los personajes están escuchando una música que está en realidad dirigida a los espectadores del filme.

En *Elizabeth* hay una notable falsa diégesis, en la escena en la que la reina está esperando con su séquito, a la orilla de un río, que llegue una barca que lleva al arrogante príncipe francés. En el barco hay unos músicos que amenizan el viaje, pero son apenas cuatro (¡no caben más en el pequeño barco!) e interpretan una música que, tal y como suena, debería ser ejecutada por al menos el doble de personas, incluso se escuchan instrumentos que ninguno de ellos está tocando. Esto es una falsa diégesis. Pero hay más: como música diegética, esta debería sonar muy lejana cuando el barco está en la lejanía, ya que vemos la escena desde la orilla, junto a la Reina, y por lógica, se debería escuchar más alta a medida que el barco se acercara. No es así: mucho antes de que llegue el príncipe francés, la música ya está en la orilla, sonando a un volumen completamente irreal. No hay, por tanto, una sincronía lógica en el volumen de la música. Eso es también falsa diégesis.

¿La pretensión? Hacer parecer que los personajes están escuchando una música que, en realidad, es imposible que estén escuchando de la manera como está planteada en la escena. En la mencionada *Atonement* hay una brillante escena donde se vulnera el realismo de la música en diégesis, concretamente en el largo plano-secuencia que muestra los efectos devastadores de la guerra, en el que un coro de soldados canta una canción llena de esperanza... que se escucha a igual volumen independientemente de la distancia a que se encuentre la cámara.

En otros casos, la música diegética puede compartir su espacio con la incidental, en una suerte de falsa diégesis, aunque no lo sea exactamente. Si por ejemplo un personaje toca una flauta (diégesis) y la melodía del instrumento se refuerza orquestalmente (incidental) no estaríamos ante una falsa diégesis, porque el personaje sólo escucha la flauta, en tanto el espectador escucha la música completa: una sirve a sus propósitos realistas; la otra, abstractos. Es lo que sucede, por ejemplo, cuando Jeremy Irons toca el oboe en una de las escenas de *La Misión* (*The Mission*. Roland Joffé, 1986), con música de Ennio Morricone que se expande fuera de la diégesis. Sin embargo, la falsa diégesis pretende hacer creer que los personajes oyen lo mismo que el espectador, aunque sea absurdo. Es lo que sucede –y con bastante frecuencia– en el exitoso filme francés *Los chicos del coro* (*Les choristes*. Christophe Barratier, 2004), con bellísima música y canciones de Bruno Coulais: las canciones *Caresse sur l'océan* y *Vois sur ton chemin* son interpretadas diegéticamente por el coro protagonista, suenan también incidentalmente y además se aplican como falsa diégesis. Pero también se superponen en su aplicación diegética e incidental de modo simultáneo, y todo ello con gran naturalidad y fluidamente. El propósito es evidente: hacer que el espectador sea partícipe directo de la fiesta musical que está teniendo lugar en pantalla, con más intensidad que la que disfrutan los propios personajes que aportan esa música.

3.3. Por su comunicación: música necesaria y opcional

La música que se aplica no siempre es de libre elección. Hay momentos que las películas demandan una música obligada. La música necesaria es la que se necesita para una escena o un momento concreto: se trata de un requisito absoluto, ya que no se refiere a *cualquier* música, sino a una en concreto, bien definida y reconocible. Por tanto, no da lugar a distintas alternativas sino que es específica. Supongamos que en una escena marítima aparece un barco en la línea del horizonte. Si en ese instante suena el *Oh Britannia*, el espectador sabrá de modo inmediato que ese barco es inglés. Imaginemos otra escena en la que una pareja se conoce en una fiesta: si en la escena siguiente ambos pasean por Roma y suena la marcha nupcial de Mendelsson, sabremos que se han casado. Si vemos unas tropas marchar acompañadas por *La Marsellesa* deduciremos, sin demasiado esfuerzo, que el ejército es francés. ¿Qué es lo que se consigue con la inserción de esas músicas? En primer lugar, establecer una comunicación intelectual con el espectador, a quien se le da una información. No se trata tanto de provocar emoción como de aportar un conocimiento. En segundo lugar, y es lo más importante, sirve para ahorrar explicaciones innecesarias, y así dinamizar el ritmo de la narración o hacer elipsis: con el *Oh Britannia* sonando, se evita tener que mostrar la bandera inglesa o al capitán exclamando algo así como "*¡volvemos a Londres!*". Con la marcha de Mendelsson, se pueden obviar secuencias del casamiento, etc. Por tanto, si lo que interesa es que el espectador sepa que ese barco es inglés o que la pareja se ha casado, con la aplicación de esa música se logrará de manera inmediata, dinamizando ritmo y narrativa. La música necesaria es, pues, una herramienta de comunicación intelectual. Obviamente, no es el sueño de ningún compositor hacer arreglos del *Oh Britannia* o de la marcha de Mendelsson, pero si quiere lograrse esa comunicación inmediata, ha de hacerse.

La música opcional es aquella que a priori no es necesitada en una escena, pero que es bienvenida. Se trata de una aportación del compositor que ayudará al filme sin ser un requerimiento exacto y absoluto, sino más bien libre y creativo. Cuando a un compositor se le pide un tema romántico, puede escribir cientos y, aunque el elegido sea considerado el mejor, seguramente no sería el único que funcionase. Por tanto, todo lo que tiene de necesario es su carácter genérico (música de intriga, de acción, romántica o de cualquier otro tipo), mas no el específico. Y la comunicación que establece con el espectador es emocional.

Los supuestos citados de música necesaria han sido, en buena medida, superados con el tiempo: en el cine actual ya no se ven escenas de barcos con el *Oh Britannia* de fondo, pero este fue un recurso frecuente durante mucho tiempo. Aun así, la música necesaria sigue plenamente vigente en el discurso narrativo de la música de cine: basta con que queramos que la música dé una información concreta al espectador para que la música que se demande sea la necesaria para cumplimentar ese requerimiento. Si queremos que, aunque no lo veamos, el tiburón de Spielberg se haga presente, ¿no es lo más eficiente poner la música que el espectador identifica con el tiburón? No hacerlo sería una pérdida de tiempo y generaría confusión. Eso hace que la música necesaria tenga una importancia mucho mayor que la que no lo es, cuando ambas conviven en un mismo filme, que es lo habitual. Eso no implica que la música opcional no sea importante: simplemente cumple un cometido de menor compromiso narrativo. Porque la comunicación intelectual que tiene la música necesaria implica la necesidad del entendimiento del espectador, y su participación activa en esa comunicación, en tanto que la comunicación emocional de la música opcional permite al espectador tener una actitud más pasiva. Ambas pueden ser compatibles e interrelacionarse, según los casos. Una música opcional puede derivar en necesaria, cuando un tema musical que inicialmente no significa nada en concreto alcanza en el desarrollo del guion musical un significado concreto y, por tanto, se intelectualiza. Pero es un proceso que, si se produce, no tiene marcha atrás: una vez se le otorga un significado intelectual sus componentes emocionales pueden mantenerse, pero primarán siempre los intelectuales, y pretender desligarlos puede resultar confuso. Puede cambiar su significado, pero no quedar sin significado.

Más adelante, en otros capítulos del libro, desarrollaré la vital importancia de la música necesaria, y hablaré de los códigos genéticos o el ADN con el que se configura este tipo de música. Pero también ampliaré lo que concierne a la música opcional, que abarca desde la mera *música de relleno* hasta fórmulas narrativas que, aunque no lleven carga genética, resultan muy útiles, como en los temas secundarios. Ambas sirven para comunicarse con el espectador.

3.4. Por su actitud: música empática y anempática

En su libro *La musique au Cinéma* Michel Chion aporta un término que merece, por su interés, ser analizado. Según Chion, la música empática produce un efecto que se adhiere de modo directo al sentimiento sugerido por la escena o los personajes: dolor, emoción, alegría, etc. La música anempática sería la que produce un efecto contrario al propuesto por las imágenes: es decir, música apacible en escenas tensas, melodías agradables para imágenes duras, o a la inversa: una música muy tensa e inquietante aplicada ante un paisaje en calma. La música empática podría ser considerada redundante y, aunque a veces resulte obvia, en otras ocasiones multiplica una emoción concreta: esto es, *más* terror, *más* amor, *más* dolor. Así, lo que se logra es sincronizarse con lo expresado en la escena, sin que haya lugar a segundas lecturas. No creo procedente dar una relación de ejemplos de música empática, porque el concepto es obvio y cualquiera puede recordar abundantes casos. Un ejemplo de música anempática es el de Dimitri Tiomkin para *Extraños en un tren* (*Strangers on a Train*. Alfred Hitchcock, 1951), en la que la escena del crimen es acompasada al son alegre de un tiovivo.[12] Otro es el

---

[12] En la escena del crimen se produce un notorio efecto–trampa de falsa diégesis: asesino y víctima se encuentran por vez primera cerca del tiovivo, y la música suena a su volumen natural. Cuando se alejan de allí, en una barca, hacia la isla donde se cometerá el asesinato, la música obviamente se aleja también. Sin embargo, en el momento en el que el hombre estrangula a la mujer, la música del tiovivo sube su volumen, para bajarlo justo después de cometido el crimen. Es una manera de remarcar, con mayor contundencia, su carácter anempático.

contraste entre la música clásica y las imágenes sumamente violentas de *La naranja mecánica* (*A Clockwork Orange*. Stanley Kubrick, 1971), con poderoso efecto. O el montaje de secuencias paralelas con que acaban la primera y tercera entrega de *The Godfather* y también en *Cotton Club* (*The Cotton Club*. Francis Ford Coppola, 1984), donde las matanzas finales se *coreografían* respectivamente con música religiosa, una ópera y un baile de claqué.[13]

Pero hay que considerar, en realidad, que la música anempática no existe como tal, al menos de forma absoluta, en tanto la contradicción aparente que pueda haber entre lo expuesto en la escena y lo plasmado por la música no hace sino imponer en primer plano algo que quizás no está explicado en la imagen pero sí en la música: si la música bonita aplicada sobre un paisaje bonito sí es pura empatía, la música apocalíptica sobre ese mismo paisaje bonito no necesariamente debe ser considerada anempática, en tanto se está avisando de la llegada de una catástrofe, por ejemplo, y entonces sí hay empatía con lo que va a acontecer. Ese aviso de la música tardará más o menos tiempo en explicarse en el guion literario, pero acabará explicándose o el espectador no le encontrará sentido. En el caso de películas como *The Godfather* o *A Clockwork Orange*, el objetivo de la música de apariencia contradictoria es el de realzar la indiferencia de quienes ordenan o cometen el hecho violento, o incluso el otorgarle un carácter ritual, y así se traslada al espectador. En otras palabras: si al acto violento se le pone música violenta, el espectador verá un acto violento; si se le pone una música anempática al hecho, se incorpora en escena una perspectiva que sí empatiza con esa música.

En la película española *Los Borgia* (Antonio Hernández, 2006), con música de Ángel Illarramendi, hay una secuencia significativa:

---

[13] Las secuencias finales de *The Godfather* y de *El Padrino, Parte III* (The Godfather, Part III. Francis Ford Coppola, 1990) son aparentemente similares: en ambas se cometen matanzas a la vez que los Corleone asisten a un acto conjunto: un bautizo en la primera y una representación operística en la tercera, y en ambas hay un factor religioso argumental y musical, porque en la Ópera se representa una escena religiosa. En *The Godfather* la música es completamente anempática, distante, ceremonial; en *The Godfather, Part III* se mantiene similar carácter, pero aquí combinado con la inclusión de uno de los temas centrales de la saga, que resalta, a diferencia de la primera entrega, la presencia –invisible– de Michael Corleone. En esta, la secuencia se apoya en música empática y anempática alternativamente.

recién nombrado Papa, Rodrigo Borgia (ya como Alejandro VI) reúne a sus hijos para preparar las primeras acciones de la familia, una vez tienen en sus manos el poder de Roma. En esta reunión se planifican venganzas, crímenes, ajustes de cuentas y la eliminación de los rivales. La música que acompaña esta reunión de los *Corleone del Renacimiento* es, por el contrario, de una gran belleza, muy plácida. Es anempática con respecto a lo que se narra pero absolutamente empática en lo que se refiere al punto de vista de los personajes que protagonizan la escena, quienes están muy contentos, y esa es en definitiva la perspectiva que se le da al espectador. Si se hubiera puesto una música acorde a la violencia de las palabras, se perdería la referencia de las emociones de los personajes. Por eso, y porque se trata de una elección sobre la actitud que debe tomar la música, tras una apariencia anempática siempre hay empatía con algo, aunque no se evidencie de modo claro en la escena.

Lo importante es saber qué se aporta a la escena cuando se aplica una música de apariencia anempática. En *El bosque* (*The Village*. M. Night Shyamalan, 2004) hay una escena fundamental en la que se aplica esto, aquella en la que se produce la invasión de las criaturas del bosque, que entran en el poblado. La gente corre despavorida a esconderse en los refugios, y el caos y el miedo se extienden por todas partes. La protagonista, una muchacha ciega, se queda en el porche de su casa, asustada, y extiende la mano aterrorizada, intentando saber qué está pasando: y lo que sucede no es otra cosa que uno de los monstruos la está observando. De repente, el chico que secretamente la ama toma su mano y corre con ella al refugio, donde se encierran y escuchan los aterradores sonidos que vienen del exterior. Justo en el momento en que el chico toma su mano, y hasta el final de la escena, suena esplendorosamente el bellísimo tema de amor de James Newton Howard. Y esta melodía (que además anula buena parte del sonido ambiente) logra que la escena se focalice más en el hecho romántico que en el terrorífico. Para el director, es más importante expresar ese primer momento de unión entre ambos protagonistas –lo que será determinante en el resto del filme– que enfatizar lo terrorífico en una escena en la que los personajes están muy asustados. Al espectador, lo que le llega es el mensaje de amor.

3.5. Por su asignación: música individual, compartida y colectiva

La música puede ser atribuida a un personaje, y así sirve para comunicar emocional o intelectualmente aspectos de ese personaje que lo maticen, lo enfaticen, lo complementen o lo expongan, si es que ese personaje calla y es la música la que habla por él. Es lo que hace la música individual. Pero la música puede ser atribuida a más de un personaje: una pareja, unos hermanos o una familia completa, por ejemplo, uniéndolos bajo un mismo concepto o emoción expuesto en la música y, de esta manera, individualizándolos con respecto al resto de personajes del filme. También puede atribuise a un grupo mucho más numeroso, como una etnia, habitantes de una misma nación o pueblo, esclavos, religiosos, sectores profesionales... que ya tengan algo en común entre si. Se trata de la música compartida. Pero si hay una variedad heterogenea de personajes que son unidos por una misma música, entonces esta música es colectiva: la música une aquello que en principio no parece estar unido. O, incluso, abarcar todo lo que se relata en el filme bajo un mismo paraguas musical. En cualquier caso, esta clasificación no es absoluta: puede haber música que ni sea individual, ni compartida ni colectiva, como por ejemplo la del tiburón en *Jaws*, o cualquier tema musical ambiental, que no se aplique sobre personajes.

Si un personaje tiene su propia música y esta música no trasciende de su personaje, esta música es entonces individual, pero si abarca a otro personaje no necesariamente se convierte en compartida, aunque lo aparente. Por ejemplo: en *Romeo y Julieta* (*Romeo & Juliet*. Franco Zeffirelli, 1968) el tema de amor escrito por Nino Rota sí es compartido por ambos personajes y les pertenece a los dos. Sin embargo, el tema de amor de Nicola Piovani para *La vida es bella* (*La vita è bella*. Roberto Benigni, 1998) no es compartida en un principio, sino que es la música que expresa el amor del protagonista por su esposa, unilateralmente, aunque más adelante acabe siendo compartida.

La música individual que se asigna a un personaje puede posicionarse en distintos planos desde los cuales resultar más o menos expresiva. Si la música se ubica *piel adentro*, por ejemplo, estará explicando o sugiriendo su pensamiento o sus emociones, de tal manera que pueden obviarse diálogos innecesarios: bastará con aplicar esa música y hacer comprensible que pertenece a sus pensamientos o emociones para tener una mayor aproximación al personaje y entender mejor lo que le sucede. Frente a esta música interior está la que es exterior, la que no se corresponde a sus emociones o pensamientos, la que está donde el personaje pero que es ajena a él: bien porque pertenezca a otros (interior para estos y exterior para nuestro personaje), bien porque se refiera a un contexto ambiental (música del lugar por donde pasa) o a alguna acción en la que pueda verse involucrado pero en la que no participe emocionalmente. La música interior no es necesariamente una música individual, ya que puede ser compartida: dos amantes enamorados que pasean por un parque lleno de gente pueden compartir una misma música íntima, exclusiva, que embellezca sus sentimientos y no refiriéndose al idílico contexto, tampoco es colectiva. Razonablemente, la música interior tiene un cometido algo más complicado y comprometido que la exterior, en tanto debe aclarar y explicar allá donde la exterior puede limitarse a ambientar. Pero es una de las grandes funciones de la música en el cine: meterse en la piel de los personajes y, en cierta manera, *desnudarlos* ante el público. La música individual tiene un campo de acción muy amplio en cuanto a matices que pueden añadirse, pero esa amplitud se reduce a medida que se amplía el número de personajes que entran en la música, sea compartida o colectiva. Por ejemplo, en una música compartida por dos personajes (uno optimista y el otro pesimista), si se añaden elementos optimistas, estos se trasladan inevitablemente al personaje pesimista, y viceversa. Por ello, cuantos más personajes, menos matices y los rasgos han de ser más generales.

Ejemplos de música compartida los encontramos en aquellos contextos en los que interesa dar una misma voz a un conjunto numeroso de personas: los judíos víctimas del horror de los nazis en *Schindler's List*, los vikingos de *Cómo entrenar a tu dragón* (*How to Train Your Dragon*. Dean DeBlois y Chris Sanders, 2010), los adultos de *E.T. El Extraterrestre* (*E.T. The Extra–Terrestrial*. Steven Spielberg, 1982), el equipo liderado por Elliot Ness en *Los intocables de Elliot Ness* (*The Untouchables*. Brian De Palma, 1987) o, más ampliamente, los soldados aliados en *Un puente lejano* (*A Bridge Too Far*. Richard Attenborough, 1977) y los norteamericanos en *Salvar al Soldado Ryan* (*Saving Private Ryan*. Steven Spielberg, 1998), los esclavos de *Amistad* (id. Steven Spielberg, 1997), el equipo de rodaje de *La noche americana* (*La nuit américaine*. François Truffaut, 1973), los que logran huir en *Argo* (id. Ben Affleck, 2012). Ejemplos de música colectiva, las gentes de *Amarcord* (id. Federico Fellini, 1974), en *Ragtime*, en *Una habitación con vistas* (*A Room with a View*. James Ivory, 1986), *Sentido y sensibilidad* (*Sense and Sensibility*. Ang Lee, 1995), *Magnolia* (id. Paul Thomas Anderson, 1999), *El atlas de las nubes* (Cloud Atlas. Tom Tykwer, Andy Wachowski, Lana Wachowski, 2012) y un largo etcétera. En todos estos casos la música no puede pretender especifidades, sino que atribuye al conjunto de aquellos a quienes se asigna la música compartida o colectiva rasgos generales.

Tanto la música individual como la compartida pueden llegar a expandirse y trascender del personaje que la lleva o de los personajes que la comparten. La música expansiva es aquella que, partiendo de su carácter interior se traslada a un plano exterior, contagiando a todos los que están alrededor del personaje que la aporta o yendo incluso mucho más allá. En otras palabras, es la música de un personaje que trasciende de sus emociones o pensamientos e inunda las emociones ajenas o los espacios por donde pasa. Es muy útil y bastante frecuente para evidenciar por ejemplo un enorme poder de seducción del personaje, pero para que funcione debe quedar claro que es la música del propio personaje que *generosamente* la comparte, no la música del entorno. Uno de los mejores ejemplos de su uso lo encontramos en la maravillosa música de Ennio Morricone para *Hasta que llegó su hora* (*C'era una volta il west*. Sergio Leone, 1968). El personaje de Jill (Claudia Cardinale) tiene para sí una melodía dulce con la voz soprano de Edda Dell'Orso que se ubica en un plano interior (desvelando su soledad) pero también exterior, expandiéndose brutalmente y contagiando (su infinita bondad) a todos los que la rodean. Lo mismo sucede con el personaje de Guido en *La vita è bella*, cuya música interior sobrepasa su piel y se lanza a conquistar espacios y personas, o en tantos otros ejemplos donde se plasma la fortaleza (física, emotiva, espiritual…) de un personaje a través de una música que se expande por todas partes y llega a silenciar a todas las demás músicas. Y si se puede hacer para expandir la *bondad*, puede hacerse para inundar de *maldad*: en *The Omen* o en *Atonement*, por ejemplo, si bien en este último caso no es tanto maldad como imprudencia. La música expansiva otorga un gran poder al personaje que la lleva, y además de modo muy directo y automático.

3.6. Por su vinculación: música integrada y no integrada

La música que se aplica en una película puede asumir un amplio abanico de compromisos. El más básico es el de servir para un simple acompañamiento estético, y en no pocas ocasiones con eso se cubren todas las necesidades del filme, resolviéndolo en su conjunto o bien alguna o algunas de sus secuencias. Pero la música puede también asumir una función más activa, como en lo que concierne a la explicación de una escena, de un personaje o del propio filme, y se hace mediante un proceso de absorción en la música de elementos del argumento o de los personajes para que, en su inserción, se interrelacione con la imagen o cualquier otro elemento narrativo o dramático. Esto es lo que se consigue con la música integrada, cuyo enraizamiento con imagen o personajes la acaban convirtiendo en un elemeno imprescindible para poder entender la escena, los personajes o el conjunto de la película. La gran diferencia entre la música no integrada y la que lo es radica en la dificultad, y muchas veces imposibilidad, de aplicar esta última en cualquier otra película sin perder su sentido y, separándola de ella, la escena, personaje o la propia película queda menos explicada. Hay, naturalmente, distingos grados de integración: todo se mide en función del daño que pueda sufrir una escena, personaje o película cuando se le priva de su música integrada.

El tema principal de *Memorias de África* (*Out of Africa*. Sydney Pollack, 1985), con música de John Barry, es una bellísima melodía que, de todos modos, podía perfectamente ser aplicada en otro filme similar. Y, aunque ayuda con creces a la película, la esencia del filme está perfectamente explicado en su guion literario. Es una partitura que funciona muy bien, pero que podría sonar en otra película romántica que tuviera algún componente argumental melancólico. Por el contrario, la música de John Morris para *Young Frankenstein* es integrada: tiene justificación argumental (la tocan y mencionan los personajes) y guarda relación directa con lo explicativo. Por tanto, ni tendría el mismo efecto aplicada en otro filme ni la película se comprendería sin la presencia de esa música.

La primera diferencia entre la música integrada y la que no lo es la encontramos en su origen creativo:

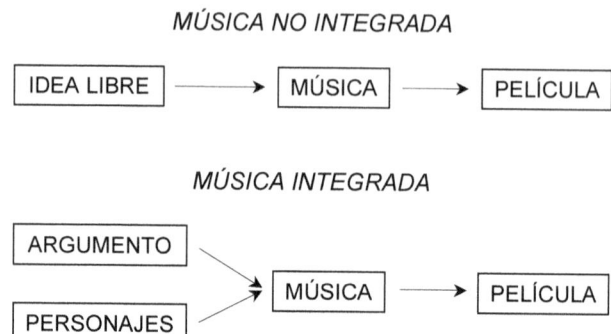

La música no integrada nace de ideas generales o concretas pero siempre a partir de criterios personales del compositor o del director. El origen de la música integrada surge directamente de la imagen o del guion literario de la película. Así, el compositor toma elementos del argumento o de los personajes para elaborar la música y su existencia se justifica por el guion del filme.

La segunda diferencia se refiere a la vinculación:

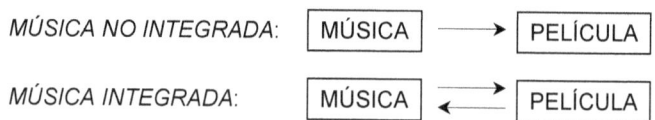

La música no integrada *alimenta* la película unilateralmente (música a película) y, en su mejor grado, se pega como una capa de piel. Complementa el filme y aunque lo haga más entendible, no por ello lo hace explicativo.[14] Por contra, con la música integrada establecemos conexiones concretas, bilaterales, de modo que edificamos una comunicación entre imagen y música que hace que la música sea entendible por la película... y la película por la música. Es entonces cuando si se desliga la música de la secuencia, la primera pierde buena parte de su sentido y la segunda acaba siendo menos explicada.

---

[14] La música en una secuencia de persecución de coches, por ejemplo, puede ser elaborada, intensa y contundente. Dinamiza la acción y genera tensión. Pero no explica nada que la imagen no revele por si sola. Sencillamente la refuerza.

Por tanto, para aportar algún grado de integración, es necesario que el compositor traslade a la música elementos concretos del filme, no sólo estéticos o emocionales. Si el protagonista es un violinista, que el compositor dé protagonismo al violín en su música ya supone un grado de integración, aunque sea mínimo. Por supuesto, si el protagonista es italiano y la música lo es también, también hay integración. Lo importante, en todo caso, es que la música cumpla funciones explicativas y que esas funciones, al ser trasladadas al filme, lo hagan más entendible, no sólo más bonito.

No debe confundirse el concepto de música integrada con el de música necesaria porque no son lo mismo. La música opcional y necesaria se diferencian por la comunicación emocional e intelectual que establecen con el espectador. Una música puede ser integrada (música mexicana en un filme que pasa en México) sin por ello llevar ninguna carga informativa (y por tanto, no sería necesaria). Eso sí, si la música integrada asume elementos explicativos, será o acabará siendo necesaria, y la escena, personaje o la película dependerá de ella para poder explicarse mejor. Naturalmente, los grados de integración pueden ser diversos y participar en el filme de modo compatible a la música que no lo es.

No por ello debe deducirse que la música no integrada es de menor categoría que la que lo es, en absoluto. Su distinción se reduce simplemente a su mayor o menor implicación argumental. Las creaciones jazzísticas de Duke Ellington para *Anatomía de un asesinato* (*Anatomy of a Murder*. Otto Preminger, 1959), o la de Miles Davis para *Ascensor para el cadalso* (*Ascenseur pour l'échafaud*. Louis Malle, 1957), son extraordinarias pero podrían ser intercambiables entre sí y muy poco cambiaría en ambas películas. Sin embargo, otra partitura jazzística como la de Elmer Bernstein para *The Man with the Golden Arm*, está tan plenamente integrada en el filme que con su separación la música perdería su sentido y la película quedaría menos explicada: ¿La diferencia?: en los dos primeros ejemplos, la música ambienta –y muy bien– las dos películas; en *The Man with the Golden Arm* la música explica muchas cosas del personaje que no están detalladas en el guion literario.

Algunos buenos ejemplos de música integrada:

En *El crepúsculo de los dioses* (*Sunset Boulevard*. Billy Wilder, 1950), con música de Franz Waxman, se narra la historia de un guionista irrelevante a quien una antigua estrella del cine mudo le encarga escribir el guion que la hará volver a la gran pantalla. El compositor tomó tres elementos del guion y de la protagonista. En primer lugar música dramática contemporánea para ubicar el filme en la época en que transcurre su acción (los cincuenta); en segundo lugar un tango decadente, gótico, siniestro y obsesivamente sincopado, como expresión diáfana de la alienación de un personaje que cree vivir en la época del Hollywood dorado (el cine mudo... los tiempos de Rodolfo Valentino); en tercer lugar, una melodía vagamente inspirada en el *Salomé* de Richard Strauss, justificado por ser ese el personaje con el que ella sueña con regresar al cine. Estos tres elementos encuentran su punto culminante en la secuencia final, el descenso por las escaleras ante las cámaras y la policía, interpretando ella el personaje con el que aspira volver, la gran Salomé. Ese instante conjuga a la vez lo grotesco de la situación, la paranoia del personaje y la absoluta decadencia del mundo que abandona. En este caso, el empleo de música contemporánea no es integrado, pero tanto el tango como la versión de *Salomé* sí responden a los patrones de música integrada: tienen una justificación argumental y hacen más explicativa la locura y decadencia del personaje. Asimismo, sin su aplicación, la música perdería parte de su sentido. La música contemporánea la podríamos insertar en otra película de la misma época; el tango y *Salomé* sencillamente no.

The Omen es un filme de terror sobre un niño satánico que destruye lo que se opone a su poder. Tiene música de Jerry Goldsmith, cuyo tema coral *Ave Satani* (y sus derivaciones) no se limita a servir de acompañamiento secuencial en los momentos más inquietantes, sino que es la expresión elocuente de los estados anímicos y la agresividad del pequeño, de modo que, frente a la inexpresividad del niño, la música explica los diversos grados de furia del diablo, hasta tal punto que la melodía conduce más al personaje que a la inversa.

The Elephant Man, a la que ya me he referido, con música de John Morris. En la secuencia en la que Merrick es humillado de noche por el celador del hospital, quien lleva a su encuentro a borrachos y prostitutas para que se burlen y lo zarandeen, antes de que su antiguo propietario lo secuestre y se lo lleve, aparte de una dramatización del tema del hombre elefante, lo que suena en esa escena es el tema versionado en forma de ballet... ¿y por qué un ballet? En primer lugar, para acompasar tétricamente los balanceos que sufre el hombre elefante. Sus compases se intensifican, luego se detienen cuando cesan las sacudidas y se reinician, con mayor brutalidad, cuando vuelven a producirse, tras unos segundos de descanso. Un ballet macabro, desde luego. Pero en segundo lugar, y es mucho más importante pues así Morris *remueve las tripas* del espectador y le hace sentir el dolor de la humillación, porque el espectador sabe (ha sido previamente informado de ello), que el gran sueño de Merrick es asistir a una representación... de ballet. Y ahí tiene su ballet. Más efectivo que una música circunstancial y, desde luego, mucho más hiriente.

Si la música integrada se enraiza narrativamente con la película, se hace necesaria y, como tal, si la quitamos perdemos buena parte del sentido de la escena donde se aplique. Y, por otra parte, no tenemos otro lugar donde ponerla. Hay diversos grados de integración, imposibles de clasificar pues depende de la mayor o menor vinculación que se entable con la escena, y de la mayor o menor sangría que provoque el quitarla. Lo mismo sucede en el momento de construir un tema musical para un personaje. Hagamos una comparativa sobre dos músicas para un mismo personaje: en *Pinocho* (*Pinocchio*. Ben Sharpsteen y Hamilton Luske, 1940) la música que firmaron Leigh Harline y Paul J. Smith era muy bella, pero también muy básica. Todo lo que llevaba era la ternura, la inocencia e incluso algo de picardía. Y no fue, en absoluto, un tema insuficiente: podía haber sido aplicado a cualquier otro personaje de carne y hueso, pero con lo que se escribió, bastó para que los espectadores vieran a Pinocho también a través de la música. Muchas décadas después se hizo *Pinocho* (*Pinocchio*. Roberto Benigni, 2002), con música de Nicola Piovani. Aquí, el tema se escribió con música integrada: los elementos que la conformaron fue la ternura + inocencia + picardía + música claramente italiana (¡Pinocho es italiano!) + instrumentos de madera (¡Pinocho es de madera!) + importante presencia del acordeón (Gepetto, su padre, toca ese instrumento). Con la suma de todos estos factores, se construyó un tema mucho más vinculado al personaje que el que se escribió en 1940, aunque este tuviera más éxito que el de

Piovani. Ambos son ejemplos de temas eficientes, pero el segundo tuvo un grado de integración más completo.

Hay otra dimensión de la música integrada, y es la que permite tomar de una escena objetos físicos para incorporarlos en la música, haciéndolos invisibles a la vista del espectador y logrando que sigan presentes, de tal modo que quien vea la película no estará viendo ese objeto, pero estará percibiendo su presencia. Uno de los objetivos sería aliviar o aligerar una secuencia y hacer que su narración sea más fluida, sin el condicionante de la presencia de un objeto que, aunque imprescindible, cumple mejor su función estando en la música y no en el campo visual. En cierta manera, la banda sonora *roba* de la imagen ese objeto para devolverlo en forma de música. No se verá, pero estará ahí. Así se consigue no tener que contar con su presencia y facilitar que puedan contarse otras cosas que interesen más al director. Un ejemplo: el reloj en las escenas en que suele señalarse que el paso del tiempo es fundamental para la consecución de un estado de tensión. Hemos visto muchas veces cómo se insertan planos de las agujas o dígitos de un reloj, avanzando inexorablemente hasta llegar a una explosión, un crimen, etc. Lo que haría la música integrada sería eliminar la presencia del reloj para incorporarlo en la música, de tal modo que no se viera, pero sí oyera: así, la narración podría centrarse en otros aspectos, sin verse obligada a mostrar el reloj. Estaríamos ante una música en la que suena el tic-tac de un reloj que no se ve, pero cuya presencia se percibe. Según los casos, el efecto puede llegar a ser mucho más angustiante, porque la propia música es la que puede marcar, con una alteración de su ritmo o cadencia, que el tiempo se acaba. Pero puede suceder al revés: que la música incorpore objetos (en forma de música, claro está) a priori no esperados, pero cuya presencia ficticia sirva para dar mayor fuerza a una secuencia. En *Planet of the Apes*, con banda sonora firmada por Jerry Goldsmith, en la escena de la cacería de humanos (cuando los simios irrumpen montados a caballo y capturando hombres) en la música suenan cuernos de caza, que es un instrumento pero también un objeto ceremonial. La escena no los tiene visualmente, sí musicalmente. Con su incorporación, la secuencia es más violenta, más grotesca, más terrorífica. Si los simios llevasen esos cuernos y los tocasen, su efecto sobre el espectador podría llegar a despertar la hilaridad, por lo excesivo.[15] Y en *El violín rojo* (*The Red Violin*. François Girard,

1999), con música de John Corigliano que narra la odisea de un violín desde que es construido por un artesano en el siglo XVII hasta que llega a una subasta, a finales del XX, pasando de mano en mano, el compositor, a partir de un tema principal definitorio del instrumento, le dio derivaciones dramatizadas con las que, metafóricamente, logró plasmar los estados de ánimo (alegría, nostalgia, depresión) que sufría... ¡el propio violín!.

Pero no sólo pueden formar parte de la música integrada objetos físicos. También sonidos como el viento, las olas, silbidos, onomatopeyas... cualquier elemento sonoro que permita acercar la música a los aspectos argumentales o dramáticos de la película. En *Atonement*, a la que también me he referido, Dario Marianelli integró en uno de los temas de su partitura una máquina de escribir, pero no con fines estéticos sino dramáticos y narrativos, en primera instancia porque el personaje que aporta esa música (Briony, la niña) está muy ligada a la escritura y a su gusto por inventar historias. En segunda instancia, y es mucho más importante, porque a causa de su imaginación (escrita) provoca una tragedia en su hermana y en su novio. Y entonces, cuando esto sucede, el tema que se había presentado al inicio del filme suena aquí con gran fuerza, evidenciando su poder sobre los demás personajes. Y la máquina de escribir refuerza ese poder. Tanto es así que cuando, más adelante, con Briony ya crecida y arrepentida por su torpeza, suena su tema, lo hará sin la presencia de la máquina de escribir.

---

[15] Hasta esa escena, la partitura había sido más sugestiva que explícita, dada la ausencia de acontecimientos concretos. Pero aquí los personajes se encuentran con la primera evidencia del horror y, por tanto, en la música surge súbitamente el caos: la partitura evoca un ballet grotesco y desenfrenado, con referencias a Stravinski, y que parece coreografiar las persecuciones. Goldsmith incluyó entre los instrumentos esos cuernos de caza, lo que incrementó la confusión y la violencia. En cierta manera, el espectador vive ese momento como también fuese cazado. A partir de ahí, todo lo que suena está vinculado al concepto de opresión y violencia. De hecho, el único momento de liberación corresponde a la secuencia final, en la que el protagonista ha podido escaparse... pero es un final tan desalentador que la música tampoco es optimista.

3.7. El tiempo imposible

Planteo a continuación un supuesto real y detallo su resolución, explicada a partir de la adecuada combinación de algunos de los elementos analizados hasta ahora.

Planteamiento

En el western *La muerte tenía un precio* (*Per qualche dollaro in più*. Sergio Leone, 1965), con música de Ennio Morricone, Gian Maria Volonté es un sanguinario asesino con macabra afición a disparar a sus adversarios cuando acaba de sonar la música de un reloj que posee. Reta a sus enemigos: cuando acabe de sonar la música, dispara. La música del reloj dura 60 segundos. Y es diegética, claro.

Bien, nos encontramos con una escena de máxima tensión: el malo anuncia a un desvalido hombre que le va a matar *cuando acabe de sonar la música*. Sabemos, porque así es el cine, que el hombre está condenado a morir. Saca el reloj y lo abre. Comienza la música. Pero su calvario no dura 60 segundos, sino que supera los 90. Cuando acaba, dispara y la víctima es abatida. ¿Cómo se ha hecho? No se ha añadido una sola nota de música al reloj (sería demasiado evidente) y no cambiamos de escenario.

Solución

El objetivo es incrementar la tensión y desconcertar al espectador, quien percibe que la escena se hace eterna sin saber cómo ni por qué. El truco parte de algo muy sencillo: Morricone le *roba* la música al reloj y después se la devuelve, al final de la secuencia. Este es el proceso: Gian Maria Volonté abre el reloj y la melodía empieza (música diegética). Poco a poco, empieza a escucharse "de fondo" (música incidental) y el tema del reloj se incorpora a esa melodía, hasta integrarse de lleno en ella. Ya no se escucha el reloj, sino que suena la partitura incidental que incorpora la melodía, muy manipulada. Al ser una música irreal, no sujeta a un tiempo determinado, puede alargarse lo que se quiera (dentro de unos límites razonables). Finalmente, es *devuelta* al reloj y sólo suena éste, hasta que acaba.

El resultado es que en apariencia la música del reloj no ha dejado de sonar, aunque en la realidad se ha interpuesto una melodía que ha distraído la percepción del espectador. Para lograrlo, Morricone efectuó unas cuantas maniobras de confusión. La escena se desarrolla en una iglesia convertida en establo y por ello incorporó a la melodía incidental un órgano con el que dar solemnidad a la muerte anunciada y, de paso, evitar que el espectador estuviese pensando en el reloj. También empleó una guitarra tocada especialmente grave, con el fin de llamar la atención sobre ella y, en definitiva, que durante unos instantes no se pensase en el reloj.

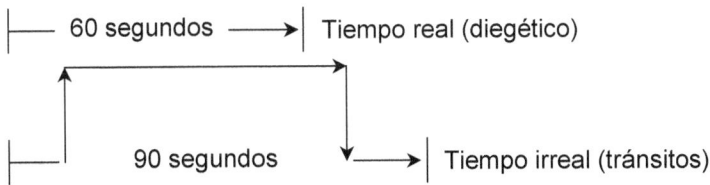

Segundo planteamiento

Pero aquí no acaba todo. Se ha resuelto la escena, se ha hecho la trampa, y la percepción del espectador ha sido manipulada. Esto funciona porque no se espera que suceda algo así y no da tiempo a reaccionar. Pero volver a repetir el truco comporta el riesgo de que en una segunda ocasión sí se detecte la trampa, con lo que el efecto se pierde. Pues bien. Al final de la película sucede lo siguiente: se repite la escena del reloj, en su tiempo real, e inmediatamente después se repite de nuevo.... pero con una duración de dos minutos y medio. El espectador no percibe la alteración. ¿Cómo se ha hecho?

├── 60 segundos ──→│├── 2'30" ──────→│

Solución

En principio es osado ver sonar el reloj en su duración real y someter, inmediatamente después, a la trampa del tiempo manipulado. La solución técnica es idéntica a la del primer planteamiento: el tránsito música diegética/incidental/diegética y la integración de la música. Pero el espectador sí detectaría en esta ocasión el engaño. La clave está en el argumento del filme y de esa secuencia: la ausencia de tensión. Así es como se desarrolla la escena: el malo se planta ante uno de los protagonistas (Lee Van Clift), cuya arma está en el suelo. Saca el reloj y le espeta cruelmente: *cuando acabe de sonar la música, dispara*. Naturalmente, resulta imposible que el hombre pueda coger su arma sin recibir un balazo. La escena dura lo que dura la música del reloj. Justo cuando toca a su fin, aparece otro protagonista (Clint Eastwood), quien apunta con su arma al malo... y saca otro reloj, idéntico. Y le dice: *Ya conoces el juego. Cuando acabe de sonar la música, dispara*. Comienza de nuevo la música y se efectúa el tránsito conocido.

En el supuesto inicial la música era unidireccional, pues provenía del malo y se dirigía *en contra* del hombre que iba a morir: el espectador sabía que su duración iba a ser la misma que el tiempo de vida que le restaba al pobre hombre. Una suerte de calvario que, naturalmente, generaba una gran tensión, por su crueldad. Exactamente igual que en la primera parte del segundo planteamiento. Ahora bien, las cosas varían cuando Clint Eastwood lleva la iniciativa: de pronto, la música del reloj cambia su dirección unilateral y se vuelve *en contra* del malo: el espectador sabe ahora que su duración será la misma que el tiempo de vida que le quede al villano (sencillamente porque es un western, Eastwood es el héroe, es la escena final... ¡y el malo ha de morir!). De pronto, lo que antes generaba tensión, ahora provoca alivio y alegría en el espectador. Tanto que incluso Morricone se permite incluir unas castañuelas, a modo de celebración del fin del perverso protagonista. Y como la escena es tan aliviante, no importa que se extienda en su duración hasta un tiempo imposible: el espectador lo agradece. Cuando la música vuelve al reloj, el malo cae fulminado. Esto no es mera música de cine. Esto es puro cine.

4. Niveles musicales

Dentro de la película, la música puede ubicarse en diferentes niveles donde sirve para acoplarse, para resaltar o para añadir una perspectiva adicional, en función de lo que se pretenda hacer. Estos niveles son cuatro: el perceptivo (y sonoro), el argumental, el espacial y el dramático.

4.1. Nivel perceptivo y sonoro

Un debate habitual en torno a la música en el cine es si esta debe ser o no escuchada, si ha de tener una presencia notoria o si, por el contrario, *la mejor música es la que no se escucha*. Al respecto ha habido una completa división de opiniones, pero ambos supuestos no sólo son perfectamente válidos, sino que también son compatibles. En la alternativa entre la que la música sea escuchada o sólo sea oída, lo único que parece firme es que, como mínimo, debe ser oída pues, de lo contrario, ¿para qué se pone si ni siquiera se oye? Una música que se escuche estará en un primer plano y el espectador, siendo consciente de su presencia, podrá tener una participación más activa (para emocionarse, para sufrir, para lo que sea). Una música que se oiga, pero no se escuche, estará en segundo plano y el espectador, no siendo consciente de su presencia, será pasivo ante su influencia. La música que se oye pero no se escucha llega al espectador por los cauces de lo inconsciente.

Por tanto, el nivel perceptivo determina cómo le llega la música al espectador: en el plano de la consciencia, el espectador podrá tener cierto control sobre el impacto emocional o la información que transmita la música; en el plano de la incosciencia, el espectador, no percibiendo el impacto emocional o la información que transmite la música, queda bastante indefenso. Ambos planos de percepción son, sobra decirlo, especialmente importantes en el lenguaje cinematográfico de la música.

4. Niveles musicales

Es evidente que la música que es escuchada provoca unos efectos en el espectador, en tanto la que únicamente es oída logra otros diferentes. El nivel perceptivo no trata tanto del volumen en que esté puesta la música como del grado de consciencia que sobre ella tenga el espectador: hay músicas que están a volumen alto pero no por ello son escuchadas. La clave es determinar si el espectador es o no consciente de que existe música, y lo difícil es encontrar –en el conjunto de la película– el equilibrio justo: una música permanentemente escuchada puede acabar siendo saturante y poco eficiente y una música que no sea escuchada cuando es necesario pierde buena parte de su sentido. ¿Cuándo conviene colocar la música en uno u otro plano? Muchos son los factores a tener en cuenta, pero la respuesta más plausible es la de atraer la atención del espectador sobre lo que expone la música (y entonces debe ser escuchada) o meter la música en el espectador pero de una manera indirecta, no perceptible.

¿Qué música recuerda el espectador común en *Psycho*? Con seguridad, aquella que ha sido escuchada: los créditos iniciales, la huída en coche y, por supuesto, la escena de la ducha. Pero en la banda sonora de Bernard Herrmann hay muchísima más música, tanta como para ocupar más de una hora en un filme que dura 109 minutos. Su efecto sobre el espectador es tan o más poderoso que el que asume la música escuchada. En *Psycho*, la música aplicada en nivel de percepción alto da indicaciones al espectador muy claras y concretas: hay que temer lo que ha de venir o sentir terror por lo que está sucediendo. Y el espectador no tiene escapatoria frente a eso, porque la música se sitúa en un primerísimo primer plano del que no va a poder escapar. Por el contrario, la música aplicada en nivel de percepción bajo permite satisfacer otras prioridades: la más básica es mantener a lo largo de la película un mismo color o tonalidad, a la espera de que llegue el momento en que la música deba golpear al espectador, a quien no se aleja de su presencia y se mantiene, de paso, una continuidad sonora. Pero hay otras pretensiones, como son las de generar una tensión de apariencia inconcreta, provocar una sensación de incomodidad o incluso quitarle oxígeno a las escenas, haciéndolas difíciles de soportar sin que el espectador sea conocedor de por qué está sufriendo esa sensación. Además, se aporta información sin que el espectador sea consciente de que se le está dando esa información.

Es exactamente lo que ocurre nada más comenzar la película, una vez terminados los créditos iniciales: en el guion literario, se muestra un plano general de una ciudad y unos rótulos que indican "Phoenix, Arizona. Viernes, once de diciembre. 2.43 de la tarde". La cámara hace un tráveling de acercamiento hacia un edificio y hacia una ventana. Entramos a través de ella y nos metemos en una habitación, donde una pareja ha terminado de mantener relaciones sexuales y se está vistiendo. Hasta aquí, todo discurre con normalidad, aunque veremos a la chica diciéndole a su amante que está cansada de tener que renunciar a su almuerzo para poder estar en la intimidad con él. En otras palabras: ella no es feliz. En guion literario, debemos esperar a que el personaje dé esa información a través del diálogo para que el espectador sepa que ella no es feliz. En lo que concierne al guion musical, eso ya se nos ha adelantado: justo desde que aparece la primera imagen tras los créditos y hasta que la cámara entra en la habitación, el espectador ha oído (pero no escuchado) una música de tal tristeza y desazón que, cuando la chica habla, el espectador ya casi siente compasión por ella. Y esto se ha hecho de modo sutil, nada dramático, que genera en el espectador algo que no puede identificar, pero que le condiciona inevitablemente a acercarse a la chica con cierta mirada compasiva.

En *El sexto sentido* (*The Sixth Sense*. M. Night Shyamalan, 1999), con partitura de James Newton Howard, la mayor parte de la música deambula *subterráneamente*, sin ser percibida de modo evidente. Su tema principal sirve básicamente a los propósitos de generar una constante sensación de pérdida y de tristeza que se aplica sobre el personaje protagonista encarnado por Bruce Willis. Probablemente, de estar ubicada en un nivel de percepción alto, no pocos espectadores intuirían el gran secreto del filme: tanto es así que, cuando se nos desvela ese gran secreto, la música cambia su registro y ya puede ser plenamente escuchada. Hay otro tema que se mantiene casi a la par con el principal, y es el que acompaña al pequeño Cole y a su secreto, a su sexto sentido, a su miedo. El tema evoca a ese secreto que guarda para sí mismo incluso cuando él no está presente y desaparece por completo cuando pierde el miedo, tras ayudar a la niña fantasma y por lo tanto, *curarse* de su mal y sentirse liberado. Fluye en el mismo nivel perceptivo y sonoro.

Por su parte, en *Gladiator* (id. Ridley Scott, 2000), con música de Hans Zimmer, uno de los tres temas centrales de la banda sonora, el que se corresponde al emperador Cómodo, se mueve siempre en un nivel de percepción bajo, generando una sensación de gran incomodidad en el espectador, frente a los dos temas que se aplican sobre el protagonista (el del héroe y el de la persona) que son en todo momento evidentes y claros, y a los que el espectador se adhiere participando en su espíritu.

Algo muy parecido es lo que se hizo en *El Caballero Oscuro* (*The Dark Knight*. Christopher Nolan, 2008), cuya música co-escribieron Zimmer y James Newton Howard: aquí, la poderosa música que rodea la figura de Batman está en un nivel de percepción alto, que refuerza categóricamente al personaje y permite que el espectador participe en ella; por el contrario, la que se aplica al Joker dicurre por terrenos que al espectador le llegan de modo inconsciente. Había una pretensión clara para hacerlo así: el Joker de esta película no era el personaje divertido y bufonesco que en su momento encarnó Jack Nicholson en el *Batman* (id. Tim Burton, 1989) con música de Danny Elfman. Bien al contrario, tenía que resultar muy desagradable e incómodo para el espectador. Para ello, se aplicó un maquillaje roto y casi desfigurado sobre el rostro de Heath Ledger (el actor que lo encarnó), pero obviamente eso no era suficiente. Se aplicó sobre él un efecto musical muy molesto, una suerte de doble glissando simultaneo y alternado, que aparentaba el zumbido de una abeja, y llegando a oídos de unos espectadores no conscientes de su presencia sentían esa enojosa sensación y, naturalmente, se la atribuían al personaje, no a la música. De haber puesto esta en un plano de percepción consciente, estaríamos ante el típico *malo de la película*, sin mayores efectos sobre las impresiones de los espectadores.

Una cosa es el grado de percepción que tenga el espectador de la música, de si la está oyendo o además la está escuchando, y otra es el volumen, ya sea este alto o bajo. Que una música esté a volumen alto no implica que por ello vaya a ser escuchada, pues puede estar compartiendo su espacio con otros sonidos y quedar, así, un tanto diluida. Una música que esté a un volumen bajo puede, sin embargo, sí ser escuchada por el espectador, si en esa música hay algo que esté dando alguna indicación informativa que el espectador entienda.

La música, efectivamente, suele compartir su espacio con otros sonidos: diálogos, ruidos, etc. Si no comparte espacio, entonces estará sola y será relativamente fácil que pueda ser escuchada (si es esa la pretensión); si por el contrario lo comparte, entonces habrá que encontrar su justo equilibrio para que pueda ser escuchada (de nuevo, si es esa la intención). Es más que evidente que, frente a los diálogos, la música debe posicionarse, en volumen, por debajo de ellos, para que puedan ser estos los escuchados: ¡nada hay peor que unos diálogos no se escuchen por culpa de una música a demasiado volumen! (salvo, una vez más, que esa fuera la pretensión, pues es posible querer acallar las palabras con la música).

En *Malèna* (id. Giuseppe Tornatore, 2000), con música de Ennio Morricone, se suceden, en diferentes momentos, dos secuencias similares, pero con tratamiento sonoro distinto. Parten de dos temas musicales –el principal y uno central– presentados al inicio del filme. En la primera de esas secuencias similares vemos a la atractiva protagonista vestida provocativamente, atravesando la plaza del pueblo ante la mirada lasciva de los hombres y la envidia de las mujeres. Malèna recorre la plaza y se sienta en una terraza, saca un cigarrillo y varios hombres le ofrecen fuego. La secuencia se acompaña con la sucesión del tema central y el principal, uno tras otro. El central es una melodía popular, italiana, jovial y desenfadada, que plasma el ambiente del pueblo; el principal es el de Malèna, una música cálida y tierna, hermosa pero no exenta de cierta aflicción. Ambas se insertan en nivel sonoro alto:

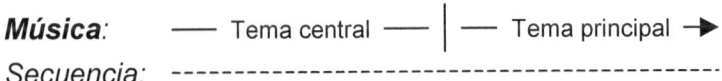

De este modo, la música cumple primero una función ambiental (la plaza llena de gente) y luego dramática (con la aparición del tema de Malèna: la música la apoya a ella, no al entorno), pero en un plano de absoluta igualdad entre ambos temas. Realza, eso sí, la figura de la protagonista y la acompaña en su recorrido. Más adelante, en los últimos momentos de la película, acontece una secuencia similar: la plaza vuelve a estar llena y Malèna la atraviesa. Las circunstancias argumentales, eso sí, son distintas.[16] Se vuelve a repetir la sucesión

4. Niveles musicales

del mismo tema central y del tema principal, pero esta vez en niveles sonoros diferentes:

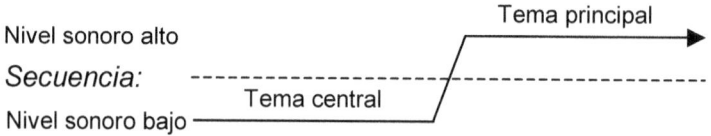

Cuando el tema central está en nivel sonoro bajo, lo que se oye en primer plano sonoro es el ambiente de la plaza (ruidos, voces, gritos...). Cuando se efectúa el tránsito hacia el tema principal, que ocupa un nivel alto, el sonido ambiente baja, de manera que los niveles sonoros de la música y del sonido ambiental se intercambian.

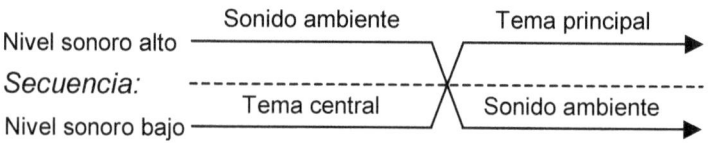

En la secuencia previa, el sonido ambiental y el nivel sonoro de los dos temas estaban en un mismo rango. Aquí no sucede así, produciéndose un efecto diferente, pues se prioriza el tema principal, tanto en comparación con la escena anterior como en esta, y en relación al tema central. Además, y esto es importante, así la música aisla a Malèna de su entorno. Antes se limitaba a realzarla, pero ahora la individualiza: con la música se fomenta la impresión de que en la plaza está ella sola, en una suerte de primer plano que se efectúa con la música. De hecho, y esto también es importante, el tema de Malèna aparece antes de que la cámara la muestre: se aplica inicialmente sobre las miradas sorprendidas de los lugareños hacia un punto en el que se deduce, por la aplicación de la música, que está Malèna, pero no se la ve aún. Y cuando aparece físicamente es en plano general, es decir, lejos de la cámara. Pero el primer plano sobre ella –musical– ya está hecho. Luego los sucesivos planos sí irán acercándose a su rostro,

---

[16] Esta es la sinopsis: en un pueblo siciliano, durante la Segunda Guerra Mundial, una bella mujer cuyo marido está combatiendo intenta sobrevivir a la miseria. Creyendo que su esposo ha muerto, acaba ejerciendo de prostituta para los alemanes y por ello es expulsada del pueblo, al acabar la contienda. La secuencia que analizaré corresponde al regreso de Malèna, del brazo de su marido.

pero la música se habrá avanzado a ese efecto visual y la habrá aislado del entorno. Por eso era fundamental que en la escena participaran los dos niveles sonoros de la música.

El hacer desaparecer el sonido ambiente para dejar en un plano sonoro único a la música sirve para realzar de modo automático la importancia de esta música y es un recurso narrativo y emocional que funciona de modo muy eficiente. Naturalmente, es una manipulación que forma parte de los muchos trucos que pueden hacerse con el nivel de percepción y sonoro: la música ocupa todo el espacio sonoro en la secuencia del beso con cámara circular de *Vértigo*, con la aparción del ya comentado *Adagio para cuerdas* de *The Elephant Man* o cuando se emprenden los vuelos de *E.T. The Extra-Terrestrial* de *Up* o de *How to Train Your Dragon*.

En todos estos casos, anulando los ruidos y sonidos que, por lógica, deberían sonar en las escenas, se multiplica aquello que transmite el tema musical que ocupa ese lugar, realzándolo y llevándolo al espectador en forma de un primer plano.

Un ejemplo singularmente brillante –y atrevido– es el que sucede en *Munich* (id. Steven Spielberg, 2005), concretamente en el montaje de secuencias en el que vemos al protagonista manteniendo relaciones sexuales con su esposa mientras se recuerdan los trágicos acontecimientos que ocurrieron –tiempo atrás en relación con la escena del protagonista– en el aeropuerto de Munich, con la gran matanza de los secuestrados y los terroristas: ambas secuencias son fusionadas por el tema principal de John Williams, el bellísimo y trágico cántico lamentativo con la voz de Lisbeth Scott que ocupa todo el espacio sonoro, llegando a silenciar los disparos, las explosiones y los gritos, por una parte, pero también los sonidos que deberían poder escucharse en la habitación del protagonista y su esposa.[17]

---

[17] En la parte que se corresponde a la violenta matanza del aeropuerto, ocasionalmente Spielberg permite que se escuchen algunas de las ráfagas de metralleta (sólo algunas). Podría parecer una opción meramente estética, pero en realidad tiene un gran efecto dramático: en cierta manera, el director le recuerda al espectador que la violencia tiene también su sonido, pero sólo para, volviendo a silenciarlo en beneficio de la música de Williams, remarcar que lo que esta expresa es

4.2. Nivel argumental

La película *La nuit américaine* tiene dos estratos argumentales: por un lado, el rodaje de una película; por otro, la película que se rueda. Georges Delerue, el compositor, escribió música para ambos, de tal modo que el estrato real del filme (el rodaje) tiene su música y el estrato ficticio (la película que los personajes ruedan) tiene la suya. Delerue situó su partitura en dos niveles argumentales diferentes, remarcando ambos estratos. El filme *Viaje alucinante al fondo de la mente* (*Altered States*. Ken Russell, 1980), por su parte, narra las experiencias de un médico que traspasa la frontera de lo razonable probando consigo mismo experimentos que le adentran en un mundo irreal. El entorno real y las partes oníricas fueron abordadas de modo distinto por John Corigliano, quien así situó su partitura en dos niveles argumentales diferentes. Una película puede tener un solo estrato argumental o varios (combinar presente con pasado, lo real con lo onírico...). El compositor puede también remarcar las diferencias entre esos estratos o no hacerlo o, simplemente, en el caso de que no existan distintos estratos, pautar los acontecimientos que se suceden, tal y como ocurre con la música de Victor Young para *La vuelta al mundo en 80 días* (*Around the World in 80 Days*. Michael Anderson, 1956), en la que se adapta al entorno geográfico y argumental (música hispana en España, francesa en Francia o hindú en India), o aplicar la música completamente sincronizada con el período en que transcurre la historia del filme, como hizo John Addison y su divertida música barroca para *Tom Jones* (id. Tony Richardson, 1963).

Si una película transcurre íntegramente en un lugar concreto, o bien si acontece enteramente en un determinado período histórico, tendría sentido que las músicas fueran del lugar y de la época, respectivamente. De ser así, estarían equiparadas a lo relatado en las películas en sus niveles argumentales. Sucede, por ejemplo, en *Habana* (*Havana*. Sydney Pollack, 1990), donde hubo importante presencia de música caribeña escrita por Dave Grusin, en *Frida* (id. Julie Taymor, 2002), película biográfica de la pintora Frida Khalo y que tuvo música mexicana de Elliot Goldenthal, o incluso en *Gandhi* (id. Richard Attenborough, 1982) donde todo lo que concernía a los nativos llevaba música india de Ravi Shankar y lo relativo a los

---

mucho más importante.

británicos era acompañado por música del británico George Fenton. Si una película se desarrolla en un contexto militar, parece obvio que su música tenga un tono marcial, como la de Max Steiner en *El motín del Caine* (*The Caine Mutiny*. Edward Dmytryck, 1954) o la de Elmer Bernstein en *La gran evasión* (*The Great Escape*. John Sturges, 1963). ¿Por qué razón convendría no hacerlo? ¿Qué utilidad tendría que ni en la película que pasa en México ni otra que sucede en la Edad Media sonara música mexicana o medieval? La principal razón que lleva a no respetar el nivel argumental es el de buscar una trascendencia o universalización de lo que se relata.

En otras palabras, que la música (no mexicana ni medieval) convierta la localización en un hecho algo más circunstancial, siendo lo más relevante lo que se cuente, no dónde o en qué época se cuente: si en una película basada en el Hamlet de Shakespeare le ponemos música medieval, el espectador verá una historia medieval; si le ponemos música del Siglo XX, entonces lo que al espectador le llegará será una historia que no se ubica en un período determinado, sino que es universal y atemporal. En *Las horas* (*The Hours*. Stephen Daldry, 2002), con música de Philip Glass, no hay distinción alguna en el tratamiento musical que se da a lo narrado en los años veinte, en los años cincuenta ni a principios del Siglo XXI. El que la música no se sincronice en su nivel argumental con el del guion literario ayuda, y mucho, a dar atemporalidad a las historias.

Por supuesto, puede darse el caso que la música sí pretenda respetar el estrato argumental del filme, pero en forma de falsa apariencia: la música de Miklós Rózsa para *Ben–Hur* (id. William Wyler, 1959), tiene la intención de sonar romana cuando evidentemente no lo es. La de Nino Rota para *Romeo & Juliet* es una música romántica contemporánea pero con importante presencia de instrumentos medievales. Y si hay falsa apariencia en el nivel argumental de la música, también puede haber una directa invención: ¿Qué música puede haber en *Viaje al Centro de la Tierra* (*Journey to the Center of the Earth*. Henry Levin, 1959) sino una inventada en su nivel argumental?

4.3. Nivel espacial

En una secuencia, la música puede ubircarse en diferentes espacios, condicionando así el modo cómo el espectador la ve y determinando su perspectiva. Estos espacios son el de las acciones, el de las emociones, el de las referencias y el de la música adelantada.

1. Nivel espacial de las acciones

Imaginemos una secuencia: una chica corre por un bosque y la cámara la sigue. Visualmente, y en guion literario, eso es lo que vemos: una chica corriendo por un bosque. Si a esta secuencia le ponemos *música de correr*, el espectador estará viendo eso: una chica corriendo. ¿Llega tarde a una cita? ¿va en busca de alguien? No podemos saberlo. Ella sólo corre y la música sólo nos dice que está corriendo. Esta música se ubica en el nivel espacial de las acciones.

2. Nivel espacial de las emociones

En la misma secuencia optamos por no poner *música de correr* sino *música de miedo*. Entonces, lo que veremos es a una chica corriendo y con una emoción de miedo. La información es bastante mayor que en el supuesto anterior: por alguna razón ella necesita correr. ¿Está huyendo de algo? ¿debe darse prisa antes de que algo terrible suceda? Esta música se ubica en el nivel espacial de las emociones. Ahora bien, ¿a quién pertence esa emoción?:

2.1.– Nivel espacial de las emociones del personaje

Es la chica la que tiene miedo. Y por eso corre. Y el espectador sabe que ella tiene miedo y que por eso corre. Si al espectador no le afecta (supongamos que es porque desea que ella sufra) entonces el espectador no se implica en esa sensación de pánico y la música se ubica en el nivel espacial de las emociones del personaje.

2.2.– Nivel espacial de las emociones del espectador

La chica corre, pero ella no siente miedo: es el espectador quien lo siente. Ella, quizás, piensa que debe darse prisa para encontrarse con su amado, a punto de marcharse de un lugar. Pero ella no sabe –el espectador sí– que alguien la está siguiendo con intención de matarla. La chica no tiene la información que sí tiene el espectador, y en su nivel espacial, la música se ubica en las emociones del espectador, no del personaje.

2.3.– Nivel espacial de las emociones del personaje y del espectador

La chica corre, asustadísima (sabe que la están persiguiendo) y el espectador también sufre con ella. Ambos (personaje y espectador) comparten la angustia y, por consiguiente, la música se ubica en el nivel espacial de las emociones de personaje y espectador.

En los tres supuestos, no hemos cambiado ni un fotograma, pero con las tres opciones vemos tres secuencias notablemente diferentes. Aunque es una obviedad, hay que remarcar que el nivel espacial de las acciones y el de las emociones pueden ser compatibles: es decir, puede hacerse una *música de correr con miedo*, aunque el nivel espacial de las emociones siempre estará por encima del de las acciones, y el espectador lo percibirá de modo más cercano. Lo que es importante es delimitar, si se opta sólo por ubicar la música en el nivel espacial de las emociones, cuál de las tres se escoge.

La clave, en este caso, es saber cómo aplicar la música en cualquiera de esos tres niveles espaciales de la emoción y que el espectador comprenda la dirección que tiene. Importa mucho la planificación de la escena y mucho más la información e implicación que tenga el espectador. Como ya he comentado, puede ser que al espectador se compadezca bien poco del sufrimiento del personaje. Si es así, será muy fácil que la música sólo hable de sus emociones (las del personaje), y que el espectador sea indiferente a ellas. Puede ser que se pretenda que esas emociones sean compartidas entre personaje y espectador: cuando el protagonista de *Lawrence de Arabia* (*Lawrence of Arabia*. David Lean, 1962), por ejemplo, recorre el desierto sobre un camello, la bella música de Maurice Jarre está expresando tanto lo que siente ese hombre como busca la emoción del espectador ante el grandilocuente escenario: es, por tanto, una música en el nivel espacial de las emociones compartidas del personaje y del espectador.

4. Niveles musicales

Si se quiere distanciar al espectador de la emoción del personaje, es necesario que haya algo en el guion literario que facilite esa separación, pues la música no podrá hacerlo por si sola sin el concurso de lo que se explique en la película. Del mismo modo, si gracias al guion literario el espectador sabe que un personaje es ajeno a la emoción que transmite la música, esta se ubicará en el nivel espacial de las emociones del espectador, mas no del personaje. Esto supone que debe haber una interrelación entre lo que se explique en el guion literario y aquello que se indique a través del guion musical. Porque, como he venido indicando, la música puede ayudar a clarificar o explicar muchas cosas, pero tiene sus límites.

Un ejemplo: tenemos a un policía que se ha infiltrado en una organización mafiosa para ayudar a su desmantelamiento. En una escena determinada, logra que alguien le presente a los jefes más poderosos (y peligrosos) del clan. Ahora, el policía está rodeado de los más peligrosos lobos de la ciudad. Peligro máximo. ¿Música de tensión? Sí, seguro que es lo más adecuado para el momento. Pero, ¿y si queremos evitar que el personaje sienta miedo? Porque, quizá, el personaje no sólo no tiene miedo sino que está completamente tranquilo. Si no ponemos música, porque el personaje está tranquilo, anularemos la tensión de la secuencia y esta emoción no llegará al espectador. ¿Cómo podemos llenar la secuencia de tensión sin implicar al personaje que más se está arriesgando? Es lo que sucede en *Donnie Brasco* (id. Mike Newell, 1997), con música de Patrick Doyle: Johnny Depp llega, de la mano de un incauto Al Pacino, a mezclarse entre los más poderosos jefes mafiosos y en la escena se respira una gran tensión a través de la música (que no es una gran música, ni hacía falta que lo fuera, pero sí es muy útil). ¿Cómo se aparta a Johnny Depp de eso? Pues, sencillamente, quitándolo de la escena: poniéndolo siempre en segundo término, incluso desenfocándolo. Todo, con tal de no implicarlo en aquello que está transmitiendo –sólo para el espectador– la música. Si, por el contrario, Johnny Depp estuviera en primer plano y siempre bien enfocado, se vería inevitablemente implicado en la música y daría la sensación de que está tenso. Por tanto, cuanto más al margen se mantenga a un personaje de la música, más cercana será esta para el espectador, si es que se empatiza con el personaje. En caso contrario, no habría problema, tal y como comenté respecto a la gran secuencia final de

Per qualche dollaro in più, donde el espectador sería indiferente al sufrimiento del personaje por no empatizar con él.

3.– Nivel espacial de las referencias

Volvamos a la chica que corre por el bosque y supongamos que está corriendo acompañada por una música que conocemos: la de su novio, por ejemplo. Si el espectador comprende que esa música es la de su novio, entonces la música estará haciendo referencia a una persona que ni está en pantalla ni se le cita en el guion literario. En el nivel espacial de las referencias, la música añade un elemento, un personaje o un objeto que previamente ha sido identificado musicalmente y que el espectador comprende. Por tanto, aplicándolo en este nivel espacial, entenderemos que la chica corre porque quiere reunirse con su novio.

El nivel espacial de las referencias exige, obviamente, que la identificación que conlleva la música que se inserta sea entendida y comprendida por el espectador, pues de lo contrario no tendría efecto narrativo alguno. Su gran utilidad es que evita tener que citar o mencionar lo referenciado en el guion literario, pues ya se hace desde el guion musical. Este nivel espacial facilita la comunicación intelectual con el espectador en tanto sirve para poner en escena algo que no necesariamente ha de ser citado en guion literario. En varias escenas de cualquiera de las entregas de la trilogía *El Señor de los Anillos* (*The Lord of the Rings*. Peter Jackson, 2001–2003), por ejemplo, se hace presente el anillo a través de la música con la que Howard Shore lo referenció, y sin necesidad que los personajes lo mencionen.

4.– Nivel espacial de la música adelantada

Hasta ahora, en las distintas opciones de niveles espaciales, se ha contemplado la posibilidad de colocar una música que se corresponda a lo que está sucediendo en la escena, ya sea en sus acciones, en las emociones o en referencias, Pero, ¿y si la música no guarda relación con la escena, en ninguno de los sentidos mencionados? En otras palabras, ¿puede insertarse música en una secuencia en la que no corresponde argumental ni dramáticamente? En la primera escena, la que se corresponde a los títulos de crédito de

El silencio de los corderos (*The Silence of the Lambs*. Jonathan Demme, 1991), con música de Howard Shore, vemos a Jodie Foster haciendo deporte en un bosque, corriendo y sorteando obstáculos. Es una acción cotidiana (una chica entrenándose) que, sin embargo, es acompañada por una música de tono moderadamente apocalíptico y abiertamente intrigante. Sin embargo, nada en la música ni en la acción nos hace temer que a la joven le vaya a suceder algo terrible mientras hace sus ejercicios físicos. Ni acompaña la acción ni las emociones de la protagonista. Tampoco hace las veces de referencia. ¿De qué sirve, pues? En la respuesta encontramos una de las claves más importantes en el uso de la música: el adelantarse a acontecimientos venideros. La música, pues, no expresa nada de lo que acontece paralelamente, sino que sacrifica la sincronía argumental para sugerir algo que ha de suceder más adelante. En cierta manera, sabemos que a la chica no le va a pasar nada mientras hace sus ejercicios, pero con la música intuimos que más adelante sí lo va a pasar mal. Este es un método muy recurrido y en el que Bernard Herrmann fue maestro, hasta el punto de que bien podríamos llamarlo el *método Herrmann*, tan imitado: una música presentada con anterioridad a los acontecimientos en los que finalmente será aplicada. La película británica *El fin del romance* (*The End of the Affair*. Neil Jordan, 1999) se ambienta en tiempos de la Segunda Guerra Mundial y cuenta cómo una mujer inicia un ardiente romance con un escritor que ella rompe en cumplimiento de una sagrada promesa que hizo para salvarle la vida tras un bombardeo. Mucho antes de que el drama estalle, y mientras los amantes disfrutan de su apasionada relación, el compositor Michael Nyman ya avanza lo que se les avecina, con música de aire romántico y tono contenidamente trágico, que pauta un estado de desolación latente que sirve para adelantar a los espectadores la impresión de que se está ante un drama de fatales consecuencias.

Respecto a la ubicación concreta de una música con respecto al desarrollo argumental hay una regla de oro: puede sonar paralela a los acontecimientos de la película o adelantarse, pero no ir por detrás. En otras palabras: la música no puede llegar tarde a su cita en la película. Si lo hace, resulta inútil. Como es lógico, una acción puede ser acompasada por música (paralela); también, la música puede adelantar acontecimientos que aún no han tenido lugar (adelantada): en el caso, por ejemplo, que avise que algo terrible va a suceder antes que suceda. Es exactamente lo que se aprecia en la escena de la huida nocturna en coche de *Psycho*, una secuencia singular porque juega al despiste del espectador: en un principio, todo aparenta indicar que la música se ubica en un nivel espacial de las acciones y de las emociones (describe una acción determinada: la chica conduce angustiada un coche), pero en un determinado momento, la protagonista …¡sonríe!. Y a pesar de que sonríe y aparece más relajada (en realidad, triunfante), la música no cambia. Siendo así, esta no se mantiene en el nivel espacial de las emociones (del personaje), aunque sí de las acciones. Pero tampoco en el nivel espacial de las emociones del espectador: ahora la chica está conduciendo su coche, con tranquilidad. Y con ello la escena pierde algo de tensión. Pero esa música sigue ahí, castigando. En realidad, la música está conduciendo a la protagonista –y al espectador– a un lugar determinado: el motel donde ella será asesinada.[18] Esa música ha estado en el nivel espacial de la música adelantada.

Sin embargo, la música no puede ir por detrás de los acontecimientos que pretenda puntuar. En *Jaws* hay una secuencia donde los tres hombres que intentan localizar al tiburón echan carnaza al mar para atraer al animal. Súbitamente, y sin que la música lo avise, aparece el enorme animal y asusta tanto a los protagonistas como a los espectadores. Inmediatamente después –pero después– reaparece la música. El efecto es impactante, porque coge al espectador desprevenido. Williams lo explicó: «ahora sabemos que el tiburón está ahí, pero no lo hemos avisado con música. Osea, que su ataque surge del silencio. Como esperas oir la música y no la oyes, cuando llega el tiburón resulta incluso más aterrador».[19] Aquí, la música surge inmediatamente después del impacto visual de la aparición del escualo, pero dentro de su estela, por lo que, aunque con un segundo de retraso, es una acción paralela. Si, por el contrario, se hubiese esperado cinco segundos, esta ya no causaría efecto sobre el

---

[18] Efectivamente, los últimos acordes de la música de Herrmann coinciden con la aparición del siniestro motel. Herrmann explicita entonces el mensaje: "Algo terrible va a suceder y va a ser aquí".

[19] "We know now the shark really is there, but we haven't advertised it with music, so its attack comes out of silence. Now, because you would have been conditioned to hear music every time and we don't, when the shark arrives is more terrifying". Comentarios en el making of de la película, incluido en la edición en DVD del filme.

espectador: habría llegado demasiado tarde. Por tanto, la música sirve de poco si pretende aportar una información que el espectador ya conozca por el devenir del filme. Si, por ejemplo, el compositor pretende disimular que un personaje es un asesino cuando el espectador sabe que lo es, aunque aún no haya matado a nadie, la música que le aplique para encubrirle será inútil, pero lo será aún más toda aquella que ponga para evidenciarle, porque no aportará nada nuevo y se limitará, entonces, a un acompasamiento paralelo superfluo.

4.4. Niveles dramáticos

Los niveles dramáticos establecen las diferentes emociones sobre las que se estuctura musicalmente una película. Lo habitual es que haya varios niveles dramáticos que conformen sus distintos colores: lo romántico, lo dramático, lo terrorífico, el odio, etc. Pero incluso dentro de cada uno de esos colores se debe determinar el tono: ¿qué tipo de romanticismo? ¿un romanticismo alegre y jovial? ¿otro melancólico? ¿alguno de tono fatalista o pesimista? Cuanto mejor se determine el color exacto de cada uno de los niveles dramáticos más claro quedarán establecidos para el espectador. Teniendo presente que un tema musical puede cambiar sus propios colores (un tema romántico alegre que pasa a ser triste, por ejemplo), o cambiar de nivel (la música del amor pasa a ser la música del odio), o que dentro de un mismo nivel dramático pueden ubicarse varios temas musicales, algunos cambiantes y otros estáticos, puede deducirse lo importante que resulta un nivel dramático bien definido para el filme. De hecho, los niveles espaciales tan sólo determinan si ubicamos la música en los ámbitos de la acción, la referencia o las emociones (del espectador, del personaje o de ambos), pero sólo determina la ubicación, no la emoción que transmite. Por ello, estableciendo con precisión el nivel dramático de la música que se ubica por ejemplo en el nivel espacial de las emociones del personaje, se hace comprensible lo que está sintiendo.

Los niveles dramáticos se refieren a emociones: una música aplicada para los Montescos y otra distinta para los Capulettos (de *Romeo y Julieta*) no supone un doble nivel dramático sino argumental. Si a unos se les acompaña con música de odio y a los otros con música de amor entonces sí hay doble nivel dramático. Y si hay el nivel dramático del amor, dentro del mismo se comprenden todas las posibles manifestaciones de ese amor (las variantes en sus colores). En el filme francés *Amélie* (*Le fabuleux destin d'Amélie Poulain*. Jean Pierre Jeunet, 2001) la música de Yann Tiersen tiene un inconfundible sabor parisino (nivel argumental), pero pasa por distintos niveles dramáticos: la alegría de vivir, el amor, la melancolía, la inocencia y también la bondad, entre otros. En *Robin de los bosques* (*The Adventures of Robin Hood*. Michael Curtiz y William Keighley, 1938), uno de los grandes clásicos del cine de aventuras con la lucha del héroe del bosque de Sherwood contra la monarquía corrupta, la música de Erich Wolfgang Korngold dotó a los desfavorecidos –al héroe en concreto– de un tratamiento majestuoso y gallardo, de modo que lo elevaba a la categoría de verdadero monarca, defensor de los pobres y de causa noble. La vitalidad y optimismo de esa música se enfrentó a la arrogancia y pomposidad expresada musicalmente para los poderosos. En *La Pasión de Cristo* (*The Passion of the Christ*. Mel Gibson, 2004), las imágenes son de extrema violencia, pero la música de John Debney incorpora un nivel dramático espiritual, místico, muy hermoso y desde luego nada violento. No hay Edén alguno en *El bueno, el feo y el malo* (*Il buono, il brutto, il cattivo*. Sergio Leone, 1966), pero existe gracias a la música de Ennio Morricone: concretamente, en la escena en la que *el feo* llega al cementerio e inicia su frenética y tan anhelada búsqueda de la tumba con la inscripción que le llevará al cuantioso botín. En dicha secuencia, la música es eufórica, de intensidad creciente y cuenta con el apoyo de la voz soprano de Edda Dell'Orso. Morricone no retrata la avaricia del personaje, sino que aporta un concepto más místico, incluso bíblico: es la llegada a la *tierra prometida*. Por tanto, la música es apoteósica, muy alegre.[20]

---

[20] Morricone hizo numerosos westerns, pero serían los de Leone los que le darían fama. Frente a la dimensión épica de los americanos Moross y Bernstein, optó por no repetir esa fórmula, también de éxito, y trabajar sobre criterios más místicos, que entonaba mejor con las películas de Leone. Si en Estados Unidos se primaba la territorialidad en la música (es decir, la propia del lugar donde transcurre el filme), en su voluntad estuvo otorgar un sentido temporal, de tal modo que la música sirviera para ubicar la película en las épocas más agrestes de la Humanidad y, así, darle el sentido bíblico que buscaba el director en personajes que surgían de la nada, en pueblos sin pasado y entornos sociales con apariencia de haber sido recién constituidos. Venía a ser una emulación de las frases del Génesis que decían que "En

4. Niveles musicales

Los sueños eróticos del protagonista de *American Beauty* ocupan una porción pequeña en el filme, pero la música de Thomas Newman, en su mayor parte, se adscribe a elllos, sin que tenga una finalidad realista en lo que se refiere a la descripción de personajes o situaciones, sino que incide en lo onírico y fomenta la confusión y las obsesiones de lo inconcreto, priorizando un estado de caos latente, lo que posibilita que todas las fantasías sexuales del personaje parezcan naturales y, así, asumibles por el espectador. El compositor recurre de forma deliberada a una música indefinida y ambigua, lo que en la película resulta práctico. En estos casos, la música incorpora una nueva perspectiva que resulta explicativa: la transformación de unos áridos paisajes en tierra celestial o la presencia constante de una obsesión lasciva. El terreno en el que se mueve cuando se aplica en un nivel dramático es mucho más amplio y libre, y las opciones son infinitas, porque mientras que el nivel espacial (el de las emociones, por ejemplo) sólo determina la perspectiva (la del espectador, la del personaje, o la de ambos), el nivel dramático resulta la explicación de esas emociones.

Si la música ahonda en las emociones de un personaje y hace palpable qué tipo de emoción siente, especialmente cuando el personaje parece querer ocultarla o, al menos, no explicitarla, entonces contribuye a definirlo de un modo que, sin música, quedaría incompleto. El thriller *Perdición* (*Double Indemnity*. Billy Wilder, 1944), supuso el inicio de la fructífera vinculación al cine negro de Miklós Rózsa, quien enfatizó los aspectos más oscuros y perversos de la relación entre Barbara Stanwyck y Fred MacMurray, y de la enigmática y absorbente personalidad de ella, evitando incidir en

---

el principio, creó Dios el Cielo y la Tierra; la Tierra era caos y confusión. Y luego creó al hombre". Bajo este precepto, ideó una fórmula que aplicaría en los títulos de crédito de varias de esas películas y que consistía en un símil de la Creación: se iniciaba con sonoridades rudas y primitivas (la música de la Tierra silvestre), proseguía incorporando percusiones u otros instrumentos más convencionales (el origen de la vida) y acababa con el empleo de la voz humana y la orquestación (la aparición del hombre). Era entonces cuando comenzaban las historias. Por ello, la lógica impuso que los instrumentos fueran lo menos convencionales posibles y, a la vez, con las sonoridades más primarias: látigos, golpes de yunque, guitarras tocadas en sus registros graves, campanas, aullidos, gritos, harmónica... todo lo que evocara la idea del "origen del hombre" y, sobre todo, que diera un aire violento. Lo contrastaba con la intervención de la voz soprano de su inseparable Edda Dell'Orso y el resultado, entonces, era perfecto.

aspectos románticos, sino remarcando el deseo carnal y la brutalidad de ambos cuando toman la decisión de asesinar al marido de ella. Algo muy distinto haría en *Recuerda* (*Spellbound*. Alfred Hitchcock, 1945), una película que, por la época en que fue hecha, no podía explicitar algo que estaba evidenciando en el trasfondo de la historia: la atracción sexual que sentía la Ingrid Bergman por Gregory Peck. Y como no podía explicitarse en el guion literario, se hizo desde la música de Rózsa: en la secuencia nocturna en la que ella, desvelada, acaba entrando en la habitación de él es acompañada por una apasionada y ardiente melodía que, bajo una apariencia romántica, resaltaba una fogosa impresión de deseo carnal.

En su nivel dramático la música puede incidir en los anhelos de los personajes, haciéndolos presentes cuando en el filme aún no existen. En *¿Quién teme a Virginia Woolf?* (*Who's Afraid of Virginia Woolf?* Mike Nichols, 1966), el compositor Alex North se alineó con la amargura de los protagonistas, dejando que toda la carga de furia e ira se quedara en los diálogos. Así, frente a la desesperada pelea que el matrimonio mantiene durante el metraje, su hermosa creación fue apacible, en claro contraste con la batalla emprendida en pantalla. Las características de los personajes suele determinar el nivel dramático de la música que les acompaña, aunque a veces se opte por un contrapunto, como el de *The Adventures of Robin Hood*. Pero si los personajes son sencillos y poco sofisticados, es lógico que la música sea a su vez sencilla y poco sofisticada porque, alineándose con la realidad de los personajes, la música los hace más comprensibles. Basta con recordar las partituras de Georges Delerue para el filme *La piel suave* (*La peau douce*. François Truffaut, 1964) o la de Luis Bacalov para *El cartero (y Pablo Neruda)* (*Il postino*. Michael Radford, 1995), entre tantas otras que se posicionan claramente junto a los personajes. Esta nivelación no siempre ha sido del todo entendida, como sucedió con la banda sonora de *Rocky*, acusada de vulgar y discotequera. Sin embargo, es una muestra de buena aplicación de música en su nivel dramático. En esta magnífica película apenas hay música, salvo en la parte final. El tono semidocumental y las características intrínsecas de los personajes (gente humilde, antihéroes) hubiera perdido parte de su eficacia si Bill Conti, el compositor, hubiera musicado convencionalmente el filme. Apenas hay unos esbozos melódicos durante el metraje, excluyendo el final, algo deliberadamente insuficiente. Por el contrario, la irrupción en las escenas previas al combate final de la enérgica canción *Gonna Fly Now*, le dio a Rocky su único momento heróico, el único instante en que gozó de arropamiento emocional. Y aunque no ganara el combate y el personaje no dejara de ser un pobre perdedor, la música le dio finalmente el calor que le había faltado en todo el metraje. Se cuestionó la vulgaridad de un tema discotequero, sin considerar que era el tipo de música que un personaje como Rocky escucharía en su vida real... ¡Rocky no escucharía a Mahler!.

En todo caso, si la música puede posicionarse a favor de un personaje, también está capacitada para hacerlo en su contra. Recordemos la *persecución musical* que ejecutó Elmer Bernstein sobre el personaje interpretado por Frank Sinatra en *The Man with the Golden Arm* o la *fatalidad anunciada* en partituras como las de *El tesoro de Sierra Madre* (*The Treasure of the Sierra Madre*. John Huston, 1948), de Max Steiner, *Se7en* (id. David Fincher, 1995), con música de Howard Shore, o lo que sucede en la película *Los abrazos rotos* (Pedro Almodóvar, 2009), donde el compositor Alberto Iglesias es el gran enemigo en la relación sentimental entre Penélope Cruz y Lluís Homar: la música no se posiciona de modo empático con los personajes, sino que permanentemente dificulta su camino a la redención o felicidad, incluso les castiga. Sus encuentros íntimos acaban por ser todo menos amorosos o sexuales: la amenaza del desastre pende sobre ellos en forma de música, lo que convierte a esas escenas en momentos bien poco felices. Y es altamente significativo que el único momento en que ambos sí pueden liberarse de esa hostigación (en las escenas donde viajan a Lanzarote para estar lejos de la influencia del obsesivo marido de ella) Iglesias no haga acto de presencia y se inserte una canción. Eso sí, cuando reaparece la música del compositor, las cosas vuelven a estropearse. En esta película se trabajó sobre dos niveles dramáticos bien delimitados: por una parte, músicas destinadas al suspense y lo misterioso; por otra, la dedicada a lo emocional. Los temas de suspense generan incerteza, se aplican indiscriminadamente y envuelven y afectan a buena parte de los personajes. Pero van principalmente destinados al espectador. La música dedicada a lo emocional, como ya se ha indicado, tiene por objetivo pender como amenaza sobre quienes buscan ser felices, son de un dramatismo casi desolador y se aplican en el nivel espacial de las emociones de los personajes (no de los espectadores).

Espartaco (*Spartacus*. Stanley Kubrick, 1960), con música de Alex North, tiene dos niveles dramáticos diferenciados: por un lado el entorno hostil que se mantiene desde el principio hasta el final reflejado con música de apariencia caótica, violenta, agreste y marcial, que simboliza tanto la opresión romana como la lucha emprendida por Espartaco. En este territorio tan árido pautado por la música aparece el tema de amor: una dulce y sencilla melodía construida en base a tres simples notas que sobresale y destaca como una flor en un vasto desierto. El contraste resulta impactante, refuerza la propia esencia del tema romántico y define a los dos protagonistas (Espartaco y su amada) en su más pura sencillez. Por su parte, *Jaws* tiene un doble nivel muy inteligente en su música, que discurre en dos estratos no argumentales sino dramáticos: la que se aplica para lo vinculado al fondo marino y aquella que suena fuera del agua. Por un lado, la música del tiburón y de su entorno; por otro, la de los humanos. Son dos posiciones antagónicas en las que la música más sofisticada y elaborada es la que proviene del mar. La gravedad de esa música submarina se contrasta con las melodías ligeras y deliberadamente banales que John Williams escribió para lo exterior, en una clara emulación del enorme poder y astucia del animal, frente a la torpeza y deslucida heroicidad de los humanos. Para enfatizar estas diferencias, aplicó un divertimento barroco trivial que suena cuando los turistas llegan en masa a la población[21] y un pastiche de fanfarria *korngoliana* que, con la apariencia de remarcar las proezas de los cazadores, evidenciaba su incompetencia. En *One Flew Over the Cuckoo's Nest* hay un doble nivel dramático en la obra de Jack Nitzsche, que se establece en función de su aplicación incidental o diegética. Toda la partitura incidental se vincula al concepto de libertad –la que busca el protagonista–, en tanto que la diegética expresa el concepto de opresión: es la música que la gélida enfermera Ratched *obliga* a escuchar a sus pacientes y contra la que Jack Nicholson se enfrenta, exigiendo que la quite.

---

[21] Tema éste que, en la edición de la banda sonora, Williams tituló irónicamente "Turistas en el menú".

5. Distribución musical

Hay tres maneras de afrontar musicalmente un filme: en dos de ellas, se considera la película en su conjunto y se busca dotarla de algún tipo de coherencia, que no tiene que ver necesariamente con una unidad estilística pero sí con cierto color o intencionalidad para luego entrar en detalles teniendo presente lo que se se haya hecho o se vaya a hacer en el resto: son las bandas sonoras con estructura temática y las que no tienen esa estructura. En la tercera, se actúa sin ese criterio y la música se emplaza en distintas partes, independientemente de lo que se haya hecho o se vaya a hacer en las demás secuencias.

Esta última manera de aplicar la música suele deberse, aunque no necesariamente, a una falta de criterio, a no saber qué hacer o al desinterés, y es entonces cuando la música resulta parcheada, sirve mejor o peor a las necesidades concretas pero no ayuda a solidificar el conjunto de la pelicula, ni estética ni emotiva ni narrativamente. Puede deberse a una torpeza o a la inexperiencia de quien haya tomado esa decisión, pero puede ser un propósito calculado y dar brillantes resultados, como en algunas películas de Quentin Tarantino, como *Pulp Fiction* (id. 1994), donde la heterogeneidad de músicas pre–existentes son aplicadas para resolver escenas pero no buscan una unidad conjunta, y las razones pueden ser varias: despiezar el filme en capítulos o apartados independientes, generar una sensación de caos y desorden, o simplemente no delegar en la música funciones narrativas ni emotivas, globalmente hablando. Pueden funcionar como giros bruscos, pero la mayor parte de las películas que operan de esta manera pierden una buena oportunidad de aprovechar mejor la música y los resultados son mediocres.

Por el contrario, en las dos primeras maneras sí hay una visión conjunta y algún tipo de interrelación entre los temas musicales. Antes de empezar a escribir, el compositor y el director deben contestar preguntas como ¿Qué tipo de música necesita la película? ¿Qué emociones deben ser prioritarias para ser transmitidas? ¿Cómo va a ser distribuida la música? ¿Cuánta música? ¿Cuántos temas y, en el caso de que haya estructura temática, cuáles serán centrales o secundarios y qué personajes la van a necesitar? ¿Cómo empieza y cómo acaba? En definitiva, hacer una estrategia en la que su visión abarque en primera instancia la de toda la película y, en segunda, aspectos concretos y específicos, como las secuencias. De este modo no sólo se busca que la película sea revestida de manera sólida, sino dotarla de cierta lógica.

La diferencia entre estas dos maneras es la presencia o la ausencia de una estructura temática. Un compositor que utilice un mismo tema en más de una secuencia ya está, en realidad, entrelazando distintas partes de la película y, por tanto, estableciendo una conexión a lo largo del metraje, aunque sea de modo básico y elemental. En este caso se trabaja con una construcción estructurada de la música en la película, por nimia o débil que sea, pues se le da un valor justificativo, pero especialmente narrativo, y se pretenden comunicaciones emocionales pero también intelectuales. En las bandas sonoras no estructuradas temáticamente pero que responden a necesidades globales y no meramente secuenciales, se buscan otro tipo de pretensiones, que no son narrativas sino ambientales o emotivas, y no establecen comunicación intelectual con el espectador.

5.1. Bandas sonoras con estructura temática: La pirámide del poder

Una banda sonora estructurada temáticamente se conforma de temas emplazados en distintas partes, aplicados con propósitos concretos y que cohabitan con repeticiones, variaciones o con otros temas diferentes, pero en la que esos distintos temas tienen desigual importancia y funciones diferentes que cumplimentar. Si una banda sonora nace para satisfacer la necesidades generales de la película, el tema musical atiende a las necesidades concretas: un personaje, una idea, un sentimiento o, en definitiva, cualquier elemento que pueda ser individualizado y resaltado musicalmente. Lo importante es entender la partitura como un todo englobador y el temario como su división en niveles jerárquicos, ya sea por su importancia cuantitativa (un tema más frecuente que otro), dramática o narrativa (cuando su uso es más necesario que los demás) por todas o por cuestiones de poder. Pero no por ser más veces repetido un tema es más importante, sino que lo es por tener mayor peso dramático y/o narrativo en el guion musical.

Salvo que la banda sonora sea monotemática, los temas que conforman una banda sonora estructurada se agrupan en estas categorías: tema inicial, tema final, tema principal, tema central, tema secundario y subtema, y en algunos casos pueden ser los mismos (es decir, un tema inicial ser también final y central, por ejemplo) o varios (más de un tema central o más de un tema secundario). Además de estos, los temas pueden coexistir con motivos o fragmentos. Los cometidos de estas categorías son diversos, de tal manera que coexisten sin problemas temas de enorme importancia dramática o narrativa con otros que sean de utilidad circunstancial. Y para que todo el tejido musical –en ocasiones complejo– esté bien entrelazado y pueda derivar en la mayor utilidad posible, es fundamental saber hacer una precisa coordinacion entre todos los temas, englobados dentro de lo que llamo *La pirámide del poder,* que establece las relaciones jerárquicas y de poder entre los distintos temas.

LA PIRÁMIDE DEL PODER

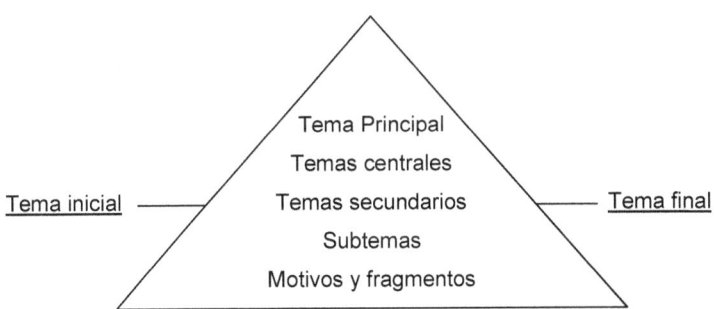

- **Temas centrales**

Antes de abordar el tema principal, empezaré por los centrales, en tanto el principal es, en sí, un tema central. El tema central tiene una implicación y significado que debe ser entendido por el espectador, aunque esa implicación o significado pueda llegar a cambiar. Asume responsabilidades narrativas y por ello su importancia es absoluta: puesto que por lo general se emplea en distintas partes del guion musical, si no se comprende su sentido, su presencia resultará inútil.

El tema central existe para dar vida a algo importante en forma de música: un personaje (o más de uno), un concepto o cualquier elemento que deba ser definido. Si se aplica un tema central sobre un personaje, se ayuda a explicarlo y, a partir de esa primera explicación, bastará con retomarlo para ir pautando su estado de ánimo o definirlo, y lo mismo sucede si ese tema se refiere a una emoción o sensación concreta (amor, odio, etc.) o a un concepto (libertad, valor, honor). Su presencia posibilita aportar al guion literario –desde el guion musical– una referencia que sirva para citar, complementar, ampliar, profundizar, alterar o incluso contradecir aquello que se explicite o se sugiera en el guion literario sobre lo que es expuesto desde el tema central. Si quiere referenciarse un personaje, una emoción o un concepto con música, no hay mejor manera de hacerlo que asignándole un tema central. Si esta vinculación se logra establecer, entonces no será necesario que todo esté explicado en el guion literario: bastará con emplear ese tema para explicar cosas que, además de ser aclaratorias, aligeren la carga narrativa del guion literario.

Por ello, es importante que un tema central esté suficientemente bien elaborado para que esa comunicación con el espectador sea eficiente, no únicamente en lo emocional sino especialmente en lo narrativo. Y en este punto es donde debo mencionar su código genético o ADN, su esencia. Por ejemplo, ¿cómo se define en música un sentimiento? Una música romántica para dos enamorados podría no ser suficiente, si en esa relación sentimental hay algo más profundo o matizable que el mero amor. ¿Qué romanticismo le aplicamos? ¿Uno optimista? ¿uno melancólico?, ¿un romanticismo dramático o, incluso fatalista? Es absolutamente necesario que el código genético de un tema central esté lo suficientemente definido en su nivel dramático para aclarar en lugar de confundir y para focalizar hacia la dirección donde se quiera que el espectador vea al personaje o comprenda la emoción o el concepto porque, como he defendido desde buen principio, la música siempre se impone. Salvo que no se pretenda nada más que algo genérico, es importante recurrir a la música integrada para la creación de un tema central: extraer de un personaje, una emoción o un concepto los elementos más específicos y llevarlos al tema central hace que éste sea más y mejor comprendido, y luego establecer su nivel dramático base, por si quisiera mantenerse o cambiarse a lo largo del guion musical. Si el tema central va a ser compartido, deberá incluir sólo los elementos comunes en los personajes que lo comparten, pues de lo contrario se asignaría a uno de esos personajes algún rasgo o elemento que no le pertenezca: por ejemplo, si uno de ellos es optimista y el otro pesimista, incluir el pesimismo como elemento del código genético de ese tema central compartido, automáticamente lo atribuiría al personaje que es optimista. Y en temas centrales colectivos sucede igual: para crearlo, hay que elaborar un ADN común, que sirva para todos y que no imponga sobre unos características que sólo tienen otros.

En *Sin perdón* (*Unforgiven*. Clint Eastwood, 1992), el tema central que el propio director escribió para aplicarlo sobre el arisco personaje que él mismo interpreta resalta su carácter melancólico y su necesidad de redención, de una manera muy sencilla y clara, y le aporta además ternura. Como resultado, se destacan esos elementos por encima de su aparente antipatía o dureza, pero en todo caso la música se mete dentro del personaje para sacar de él esas características en forma de música y mostrarlas ante el espectador. El protagonista de *Papillon* (id. Franklin J. Schaffner, 1973) sólo tiene una meta: recuperar la libertad perdida tras ser condenado a cumplir trabajos forzados de por vida en una prisión de la Guayana francesa. Para este filme de dos horas y media de duración, Jerry Goldsmith escribió una partitura breve, pero focalizada a través de su tema en la evocación de la libertad. Esa melodía fue tomando forma a lo largo del filme, se presentó con un tono triste e incluso abatido, hasta alcanzar su plenitud cuando finalmente él logra escapar, donde ya sonaba abierta y libre de la carga melancólica. No fue un tema de personaje, sino de su anhelo y de la razón que le mantiene luchando contra el entorno hostil, y eso es lo que se mostró al espectador. La vida de los dos protagonistas –él mayordomo y ella ama de llaves– de *Lo que queda del día* (*The Remains of the Day*. James Ivory, 1993) se desenvuelve en la rutina, llegando a dedicar tal entrega al servicio de sus señores que, con el paso de los años, se dan cuenta que ellos no han vivido sus propias vidas. La música de Richard Robbins explica precisamente eso: la monotonía, que es como transcurren sus metódicas vidas. No es música de personajes, sino de un concepto que se aplica a ambos personajes, y por tanto compartido. Como lo es un interesante tema central que John Williams escribió para *Close Encounters of the Third Kind*, que no fue tema de personaje sino de concepto, colectivo. Me refiero al que podríamos llamar *tema de la atracción*, que como indica su nombre tiene un fuerte poder hipnótico para los personajes y también para los espectadores, un efecto hipnotizador que conduce hasta la Montaña del Diablo. Esta hipnosis empieza desde el momento en que el protagonista es tocado por la luz extraterrestre, y se escucha de forma casi imperceptible cuando pone la radio tras su primer encuentro y también en todas las informaciones sobre los primeros contactos de personas con el fenómeno extraterrestre. Funciona a modo de encantador de serpientes, dando cada vez más pistas para llegar donde la música quiere, moviéndose a lo largo de la película en diferentes intensidades, ritmos e instrumentos pero manteniendo siempre su mismo significado. Esta es una música que abre un camino, una vía física hacia el destino final de los protagonistas, progresivamente, a medida que se van acercando a la Montaña del Diablo, y allí de manera más contundente, abundante e incesante.[22] Y de la misma manera que esta música cada vez se define más, pasando de pequeños acordes y motivos hasta convertirse en un tema muy potente y casi obsesivo, cuando los protagonistas han llegado, este tema ya no tiene sentido y acaba desapareciendo, para dar paso a otro tema que se venía construyendo, el de la comunicación (las cinco notas en diégesis que se transforman en tema incidental, del que ya hablé en el apartado de la diégesis).

    La importancia de un tema central obliga a que su número deba ser necesariamente limitado, porque de lo contrario se corre el riesgo de provocar confusión. Una película que tuviera diez temas centrales estaría manejando diez conceptos distintos y, teniendo presente sus diferentes variaciones, haría virtualmente imposible su asimilación. Eso implica que se tenga que elegir qué va a ser resaltado con temas centrales y qué ha de ser obviado o relegado a secundarios. Imaginemos que en una versión del Evangelio de San Mateo, por ejemplo, se aplicaran trece temas centrales: uno para cada Apóstol y

---

[22] Basta con recordar la escena en la que Roy está haciendo una reproducción de la Montaña del Diablo en barro y, desesperado porque no entiende la razón de porqué necesita construirla, sale al jardín y pregunta al Cielo qué es lo que le está pasando: como respuesta, del Cielo le llega el tema de la atracción.

otro para Jesucristo. El resultado sería tan confuso que la música acabaría siendo un lastre para la comprensión de la película. Ni siquiera aunque durase quince horas y estuviese perfectamente explicada la música podría llegar a tanto. Se exigiría demasiada atención y eso no es operativo. Por el contrario, la lógica aconsejarían escribir dos, quizás tres temas centrales: uno para Jesucristo y otros para Judas Iscariote, Pedro y Santiago... y nada para el resto. Una selección natural. Como es obvio, no todos los temas centrales que se aplican en un guion musical son iguales en importancia. Algunos son más relevantes y otros lo son menos; unos son muy poderosos y otros pueden no serlo tanto. El más importante de todos ellos es el del tema principal.

- **Tema principal**

El tema principal es un tema central y, como tal, tiene todas las características ya explicadas. Pero es principal por ser el más importante de entre todos los centrales. En el reino del guion musical, el tema principal es el rey y los centrales son los príncipes.

¿Qué hace de un tema central el principal? No la mayor cantidad de veces que es empleado, pues puede suceder que un tema central se aplique muchas más veces que el principal. Tampoco debe considerarse su mayor grado de aceptación entre el público, aunque en ocasiones pueda ser coincidente: un tema central puede ser muy popular y, sin embargo, menos sustancial que otros en el guion musical. En *The Godfather*, por ejemplo, el tema de Sicilia (mal llamado *Tema de amor* pues no es ese su cometido) es el más conocido y el que tuvo mayor éxito popular. Sin embargo, de entre los temas centrales, es el menos importante narrativa y dramáticamente. Fue insertado en las secuencias de Sicilia, y se basó en una variación de un tema del propio Nino Rota para *Fortunella* (Fortunela. Eduardo De Filippo, 1958). Es una melodía bella, melancólica, que suena por primera vez sobre el rostro de Vito Corleone pensativo, en la cama, se encadena suavemente hacia una bucólica imagen de Michael Corleone caminando por los montes de Sicilia y, posteriormente, en su camino hacia el pueblo de su familia. En un principio, se relaciona con el enamoramiento y posterior boda de Michael y Apollonia, pero su uso en este filme y en su secuela, *El Padrino. Parte II* (*The Godfather, Part II*. Francis Ford Coppola, 1974) lo vincula a la relación de los

Corleone con su tierra de origen, Sicilia. Es el tema central que cosechó más éxito comercial, pero su participación en el filme es puntual y circunstancial, comparándolo con los otros dos temas centrales: el de Michael Corleone y el del Padrino, que es el principal. El tema central de Michael Corleone es de tempo lento, lánguido, romántico, y se desarrolla paralelamente a la evolución del personaje. Aparece tras el atentado de Sollozo contra Don Vito Corleone, coincidiendo con el protagonismo creciente de Michael en las acciones familiares, atribuyéndole un estatus preeminente. Aunque sea su hermano Santino quien tome las riendas mientras el patriarca está convaleciente, el espectador ya sabe sobre quién recaerá la dirección de la familia, puesto que ni el propio Santino, ni el abogado Tom Hagen, ni el otro hermano, Fredo, tienen un tema musical propio. Este tema central, por su evolución y por su implicación narrativa, es mucho más importante que el tema central de Sicilia, aunque apenas tuviera aceptación popular y comercial. Pero, siendo un tema tan determinante, tampoco llegó a ser el principal. Ese puesto, el del rey, estuvo reservado para otro, el tema del Padrino. Este es un tema en forma de vals asociado al poder del patriarca, pero no es un tema de personaje sino de la institución, del estatus y del poder. Aparece por primera vez introducido lentamente por una trompeta solista con el logotipo de Paramount, llega hasta la secuencia inicial del filme y sonará siempre vinculado a la figura del Padrino, en escenas de violencia o en escenas familiares. Su designación como tema principal se determina cuando reemplaza el lugar que ocupaba el tema de Michael, cuando este se hace cargo del puesto del nuevo Padrino de la familia y, heredando su música, renuncia a la propia. El tema principal está muy por encima del tema central, y sin embargo aparece menos veces.

Lo que determina el carácter de tema principal es el poder dramático o narrativo que tiene en el conjunto de la banda sonora, su mayor cometido en el guion musical, el que sea el eje sobre el que los demás temas se mueven. En otras palabras, que sea la máxima referencia y la columna vertebral de la película, musicalmente hablando. Por ello, es peligroso atribuir la condición de tema principal a más de uno de los temas centrales, porque eso supone equipararlos en una igualdad que, seguramente, no tienen. Y, por el contrario, ayuda mucho a definir la estrategia narrativa en la construcción del guion musical saber con certeza cuál va a ser el tema principal, que no es otra cosa que la perspectiva desde la que se va a ver y estructurar el guion musical de la película. Decir, por ejemplo, que los tres temas centrales expuestos de *The Godfather* son principales es nivelarlos a un plano de igualdad que ni es cierto ni es justo, pues minusvalora aquél que es el principal y sobrevalora los demás centrales. No son iguales y porque no son iguales, no pueden calificarse de igual manera.

¿Cuántos temas principales hay en *El Imperio Contraataca (Star Wars. Episode V – The Empire Strikes Back.* Irving Kershner, 1980)? Pues uno sólo: el más importante es el más poderoso, el que tiene mayor carga de significación, el que aglutina el auténtico mensaje de la película, y no es otro que la fanfarria heroica (el llamado *Star Wars Theme*) que está muy por encima –en significado y en simbolismo– del tema de la princesa Leia, del de Darth Vader, del de Yoda o de cualquier otro en la banda sonora de John Williams. Sostener que esta fanfarria es tema principal y el tema de Darth Vader también lo es supone igualarlos en significado, lo que no es verdad y además resultaría confuso para el espectador, pues se perdería la referencia que aporta el tema principal sobre el global del guion musical. En *Braveheart* (id. Mel Gibson, 1995), que lleva música de James Horner, hay varios temas centrales, y voy a detenerme en los tres más importantes.

1.– Tema central de amor: es el tema del amor incondicional del protagonista, William Wallace, por su amada, Murron, que es asesinada. Nace de manera tímida con Murron cuando siendo niña asiste al entierro del padre y del hermano de William Wallace. Cuando arranca una flor y se la entrega a William, el tema coge fuerza indicando que ahí está naciendo algo importante que determinará parte de la historia del protagonista. Cuando se reencuentran años después tras el regreso de William al hogar, reaparece el tema, que aún suena con prudencia pues la relación se está iniciando. Sin embargo, más tarde, cuando William devuelve a Murron la flor, cobra más presencia. Y vuelve a sonar cuando le propone matrimonio. Sin embargo, poco después de la boda, ella es asesinada por los soldados ingleses, pero el tema no desaparece sino que, de algún modo, Wallace lo asume: cuando se acerca a besar a su esposa muerta, suenan unas leves notas del tema, como si fuera a desaparecer con su dueña. Pero tras el beso suena con más fuerza, ahora en posesión de

Wallace, y desde este momento el tema se convertirá en la materialización musical del recuerdo de Murron, del amor puro, de la fuerza y del escudo que Wallace utilizará para hacer frente a lo que se le avecina. En varias de las ocasiones en las que aparece, se ubica en el nivel espacial de la referencia, poniendo en escena a Murron o su recuerdo. Pero en otras ocasiones suena sin motivo aparente, sin hacer referencia a su propietaria, como cuando tiene su primer encuentro con la princesa: en principio el tema es utilizado para referenciar a Murron pues Wallace habla de ella. Pero Isabelle, la princesa, se enamora de él y el uso del tema central indica que en ella está naciendo ese sentimiento, y el tema suena en sus encuentros. Sin embargo, en ningún momento se sugiriere con el uso de este tema que Wallace se haya vuelto a enamorar: para él, la única es Murron. Pero este tema es contagioso, impregna a la princesa porque le ama. Cuando, ya al final de la película, el héroe es abucheado por la muchedumbre antes de enfrentarse a lo que será una muerte brutal recurre al recuerdo de ella para hacerse más fuerte y, así, es la última vez que se escucha.

2.– Tema central de William Wallace. Este otro tema, de carácter épico, tiene la función de mostrar al héroe, su convicción y su fe, con la que contagiará a los hombres que lucharán a su lado. La primera vez que aparece lo hace de manera sutil, cuando William es aún niño y afirma ante su padre que es capaz de luchar. La segunda es mucho después, en los preliminares de la batalla de Stirling, y se escucha mientras el protagonista avanza exultante entre las tropas escocesas. Pero no es hasta que ganan la batalla cuando puede apreciarse totalmente desarrollado. Ya hacia el final del filme se escucha en dos ocasiones. La primera, antes de la traición que llevará a Wallace a su desgraciado final. Él es engañado, pues cree que, por fin, se ha llegado a un acuerdo con los nobles escoceses y no sospecha que se pueda dar la traición. Que suene su tema, que es un tema épico que contagia optimismo, resalta su ingenuidad en esa situación. Por último, la final y rotunda aparición del tema es durante su tortura: William toma un último aliento para proclamar la libertad de su patria. Es en este instante donde suena con más potencia. Y entonces muere con su dueño.

3.– Tema central de la Patria. Se refiere a Escocia y se sitúa en el nivel argumental del territorio: las gaitas son especialmente importantes en su elaboración. Es un tema melancólico, con trasfondo triste, pero que también suena solemne y alegre en algunas escenas. Es significativo su uso en la batalla de Stirling, cuando los soldados escoceses aguantan firmes ante la caballería inglesa. Se oyen gaitas frente a tambores correspondientes al bando inglés. Ambos libran su particular cuerpo–a–cuerpo, aumentando si intensidad a medida que los bandos se acercan, pero la batalla musical se resuelve antes que la argumental y la música de los ingleses acaba imponiéndose a la escocesa. Este tema fluctuará entre el optimismo y el pesimismo, en función de la situación en que se encuentre la lucha patriótica del pueblo escocés. La última vez que aparece es al final de la película, tras la muerte de Wallace, en el momento en qué Robert Bruce, acompañado de las tropas escocesas, se dirige a rendir pleitesía a Inglaterra. Porque la imagen que se muestra es la de una Escocia derrotada, el tema suena triste, solemne, melancólico. Pero cuando Robert cambia de parecer y decide luchar, se recupera y se vuelve enérgico.

Estos son los tres temas centrales más destacados de *Braveheart* (hay algunos más, pero no de tanta relevancia). Los tres, por lo que representan y significan, son especialmente importantes en el desarrollo de la película. Pero, ¿son exactamente iguales? ¿Cuál es la columna vertebral sobre la que se apoya la película? ¿La historia de amor?, ¿el recuerdo/homenaje a un personaje histórico?, ¿el sentimiento patriótico? Los sentimientos de un personaje, por principio y por lógica, siempre quedarán por debajo de lo que este represente, y más si es un héroe nacional como William Wallace. Por ello, no es posible equiparar en igualdad la música de sus sentimientos con la música de su condición de héroe. Y tampoco es equiparable esos sentimientos con el sentido de patria de Escocia, poque este no es individual sino colectivo, Por tanto, inevitablemente el tema central de amor estará en una posición inferior a los otros dos, aunque no por ello deje de ser muy importante. Y porque este no es el tema principal, *Braveheart* no es sustancialmente una historia de amor.

La dificultad radica en determinar si el eje es William Wallace o si lo es Escocia. Cualquier opción tendría su lógica: que el tema principal fuera el de William Wallace tendría sentido porque la película va sobre él, que es el protagonista. Que el tema principal fuera la lucha del pueblo, como colectivo, por su independencia

(Escocia) se explicaría porque la patria siempre está por encima de sus héroes, y William Wallace combatió por algo superior. Y esto es exactamente lo que acaba imponiéndose, aunque con matices: en la escena final, ya comentada, cuando William Wallace ha muerto y Robert Bruce decide luchar, lo que suena en todo su esplendor es el tema de Escocia, rey absoluto y mensaje definitivo del guion musical, aunque tiene la generosidad de incorporar en su melodía el tema de William Wallace, en el nivel espacial de las referencias, como tributo y homenaje a su figura. La unión de los dos temas en uno no es en un plano de absoluta igualdad: se evidencia que la patria (Escocia) sigue en vigencia, y que rinde tributo a su héroe. Pero el héroe ha muerto y la patria va a seguir viva. El tema de William Wallace no puede quedar por encima, y eso es lo que se transmite al espectador a través del tema principal, que como tal abandera el gran mensaje de la película. Esta interpretación es por supuesto discutible, porque hay argumentos sólidos que puedan defender el tema de Wallace como tema principal. Lo más importante de todo es que según se determine quién asume la categoría de tema principal, el discurso y la visión de la película puede llegar a ser sensible o notablemente diferente, dependiendo de la perspectiva. Lo que no es riguroso es allanarlos en idéntica importancia porque de este modo se diluye el mensaje de la película.

Puede haber, obviamente, situaciones en las que dos temas centrales sean principales, pero siempre y cuando sea completamente imposible establecer una jerarquía. Sucedería así, por ejemplo, si tuviésemos a un personaje con doble personalidad (una especie de Jekyll y Hyde) y ninguna de esas dos personalidades se impusiese sobre la otra. En el caso de que cada una de esas personalidades estuviera descrita en forma de tema central, y no hubiese indicación alguna a través de la música de que, incluso en un futuro no explicado en el guion literario, el duelo se resolviese a favor de una o de otra, entonces sí podríamos considerar que ambos serían principales. Pero debería suceder eso, que no hubiese la más mínima indicación o indicio de la victoria de un tema sobre el otro. Si existiese esa mínima indicación o indicio, ya no estaríamos ante dos temas principales sino ante uno principal (el victorioso) y otro central, porque en ese supuesto no tendría lógica entenderlos como iguales y sería un importante error construirlos como si fueran iguales, porque en lugar de aclarar, confundirían.

Pero por lo general no hay especial complicación en determinar cuál es el tema principal de una banda sonora. Tanto la música de James Bernard para *Dracula* (id. Terence Fisher, 1958) como la de John Williams para *Dracula* (id. John Badham, 1979) tienen en común el carácter gótico de sus temas principales y el que no son músicas escritas tanto para el vampírico personaje como para su enorme poder. En la primera de ellas, su tema principal puso énfasis en los aspectos más terroríficos, también decadentes, en tanto que Williams, recogiendo lo anterior, incidió más en lo romántico y en lo seductor. A pesar de la abundancia de música en ambas películas, no resulta complicado entender que esos temas principales son los abanderados en el guion musical, y que los demás temas quedan supeditados a ellos. *Fuego en el cuerpo* (*Body Heat*. Lawrence Kasdan, 1981), con música de John Barry, es un remake de *Double Indemnity* y narra la historia de una mujer que seduce a un hombre y le incita a matar a su marido, con fatales consecuencias para el incauto amante. El compositor escribió un tema principal no aplicado sobre ninguno de los personajes sino sobre la pasión sexual de ambos: en esa melodía había calidez y mucha sensualidad, lo que se adecuaba al deseo y ardor de los protagonistas. Pero ambos personajes no están en igual de condiciones ni de intenciones: ella tiende una trampa; él cae en su red. Por ese motivo, se añadió un elemento de misterio en la música, que hacía que el tema principal fuese a la vez seductor y generase una cuidada sensación de incerteza. Fue una música que, aunque ubicada en el nivel espacial de las emociones de los personajes y también de los espectadores, tenía diferente nivel dramático según se viera desde el punto de vista de uno u otro personaje: ella, la música es puro engaño; con él, absoluta pasión. Tal fue su importancia que relegó a menor categoría al resto de temas. Por supuesto, si una película tiene a un protagonista destacado y ese protagonista tiene asignado un tema musical, es bastante probable que ése sea el principal, salvo que otro se imponga sobre él. Si el filme gira en torno a una emoción o un concepto, pues musicalmente esa emoción o concepto será seguramente el tema principal.

Son muy escasas las columnas bífidas en los guiones musicales y asignar generosamente esa condición a temas centrales que no son iguales desvía el foco de atención sobre el que evoluciona el guion musical. Tanto para interpretarlo como muy especialmente para construirlo.

5. Distribución musical

- **El contratema**

El contratema es un tema central y como tal sirve para concretar algo en forma de música. Sin embargo, es un tipo de tema central específico, cuya razón de ser es la de contradecir u oponerse a otro tema central y sólo puede darse si existe otro tema central al que se enfrente. Cumplimenta sus necesidades propias pero ante todo existe para enfrentarse a otro central, y si no existe pugna entre un tema central y el contratema, entonces no hay contratema: sólo es otro tema central. Su principal finalidad es la de trasladar a la música una lucha o conflicto, magnificándolo: el bien contra el mal, la amistad contra la enemistad, el amor contra el odio, la vida contra la muerte.... conceptos antagónicos que tantas veces se dan en los argumentos. Sirve para que el espectador no sólo vea un conflicto determinado, sino que también lo perciba musicalmente, lo que lo engrandece. Y es misión del compositor que se comprenda que el enfrentamiento argumental también existe en la música, cuando se emplee un contratema.

El contratema no necesita unirse al tema al que se enfrenta: su sola presencia ya lo enriquece, porque un tema central que exprese, por ejemplo, nobleza resultará más noble si es enfrentado a otro tema que refleje villanía. En Los Siete Magníficos (*The Magnificent Seven*. John Sturges, 1960), Elmer Bernstein escribió una fanfarria dedicada a los siete protagonistas, que luchan por salvar a un pueblo mexicano de la opresión de un grupo de pistoleros. Esa melodía, festiva, alegre y vital representó los conceptos positivos del bien, la amistad, la vida... con su presencia, el espectador comprendía los valores que encarnaban los personajes. Pero frente a ese tema, insertó un contratema, que aplicó en la figura de los villanos y que era absolutamente opuesto al anterior: construido en forma de marcha con ritmo sincopado, constante reiteración de ocho notas graves que incidían en el carácter violento de los bandoleros y que encarnó el lado opuesto de aquellos valores (el mal, el odio, la muerte....). El que Bernstein empleara un tema y un contratema (ambos utilizados con frecuencia) ayudó a que el gran duelo que tendría lugar al final ya existiera desde el principio: los héroes y los villanos no se encuentran hasta la última escena, pero el que la música se enfrentase antes contribuyó a que los espectadores percibieran esa lucha previamente a que tuviera lugar, con el resultado tan positivo en la creación anticipada de la tensión.

Otro ejemplo está en la saga iniciada en *Star Wars*, aunque el contratema sólo aparece a partir de *Star Wars. Episode V - The Empire Strikes Back*. John Williams había escrito la famosa fanfarria que sería el tema principal: como en *The Magnificent Seven*, es una melodía imponente que trasmite valores positivos (de nuevo, el bien, la amistad, la vida...). Para *Star Wars. Episode V - The Empire Strikes Back*, compuso un tema para Darth Vader, dándole el uso de contratema en oposición a la fanfarria: música grave, también sincopada, que expresaba todo lo contrario (el mal, el odio, la muerte...). También hay contratema en la trilogía iniciada en *El Señor de los Anillos: la Comunidad del Anillo* (*The Lord of the Rings: The Fellowship of the Ring*. Peter Jackson, 2001) con música de Howard Shore, o en *Star Trek* (id. J.J. Abrams, 2009), cuya banda sonora firma Michael Giacchino, así como en tantas películas donde se busca magnificar o solemnizar algún tipo de conflicto. Pero este conflicto –y esto es muy importante remarcarlo– no se refiere exclusivamente al habitual en películas de tipo épico o espectacular, sino que puede darse en filmes intimistas o dramáticos. Basta con que haya algo que enfrentar musicalmente.

Si hay duelo entre un contratema y un tema central, debe necesariamente haber una resolución a favor de uno o de otro, o incluso darse un empate, pero si ese duelo musical se inicia, debe conducir hacia algo, porque de lo contrario no tendría mucho sentido haberlo utilizado. Un contratema puede destruir a un tema central, aniquilar su sentido y significado, pulverizarlo, e incluso sustituirlo. Puede ocupar el puesto de tema principal, en una suerte de auténtico golpe de estado musical, o incluso puede ser el rey de los temas desde buen comienzo. O puede, por el contrario, no pasar de ser una amenaza que finalmente se diluye o sucumbe ante el tema o los temas a los que se enfrenta. Todas estas opciones configuran algunas de las posibilidades dramáticas y narrativas que pueden lograrse con el uso del contratema. Algunos ejemplos:

En *The Omen*, con música de Jerry Goldsmith, el tema coral *Ave Satani* es el tema principal de la película: es la música que se emplea para explicar los diversos grados de furia del Diablo. Es el principal porque no encuentra la menor resistencia en su poder y llega al final del filme manteniendo intacto ese poder. Pero, ¿es también contratema? Sí lo es, y por una razón: porque existe un tema central al que ataca y destruye, una frágil y delicada melodía aplicada como referente de los sentimientos del padre hacia su familia. Es, eso sí, una lucha en completa desigualdad de condiciones, pues frente a la arrolladora presencia y poderío del siniestro tema principal, nada puede hacer ese tema central. Pero es gracias a ese duelo donde se realzan los significados de ambos temas. De no haber duelo, tampoco habría comparación.

También lo hay en el filme de animación *Los mundos de Coraline* (*Coraline*. Henry Selik, 2009), con música de Bruno Coulais. Este es un filme de animación poco convencional, oscuro y de tono siniestro. Su historia es dual: está el mundo real, el de Coraline, y el mundo de la falsa madre: la niña Coraline huye de su mundo para internarse en el otro, que es una versión aparentemente mejorada del primero, pero donde le espera algo muy siniestro. El guion musical se construye sobre esta dualidad en base a dos grandes temas: el tema principal y el contratema. El tema principal es el tema de Coraline y el contratema, el de la otra madre que, a su vez, es el tema del otro mundo. El principal es un tema melódico, sencillo y de gran belleza, con una melodía cantada por una voz blanca, suave y melancólica, que transmite inocencia. Se aplica en el mundo real y no en el ficticio, lo que es significativo por lo que implica que Coraline pierda su música en un territorio que no es el suyo. Y es la música de la madre es la que invade ese espacio. El contratema es una melodía suave y penetrante, también con fragmentos interpretados por una voz blanca, que transmite angustia y desconfianza. Y aunque la historia y las imágenes muestren un mundo y una madre perfectos, la música revela que no todo es lo que parece. El duelo entre falsa madre y niña se traslada también a las músicas de ambas, que pugnan por ocupar los espacios, muy invasivos en el caso del contratema y finalmente victorioso en lo que respecta al tema principal.[23]

---

[23] Este duelo arranca desde el principio del filme, en los créditos iniciales, donde suena una mezcla de los dos temas, que luego se separarán dando lugar al tema principal y al contratema.

El punto de partida de *The Untouchables* es la presentación del contratema de la banda sonora de Ennio Morricone: una melodía grave y obsesiva, que representa el poder de la Mafia pero que finalmente poco podrá hacer por perjudicar al tema principal, la eufórica música que se aplica a Elliot Ness y su grupo de intocables. Pero puede suceder que un tema central adquiera la condición de contratema en el desarrollo del metraje, pero no de buen principio. Es decir, que el filme presente sus temas centrales y uno de ellos se descubra como contratema, como sucede en *La vita è bella*. La música de Nicola Piovani para este filme gira en torno a dos temas centrales: uno alegre y otro romántico que expresan respectivamente la vitalidad del protagonista y el amor por su mujer. En el filme, dividido en tres partes (una cómica, otra trágica, en el campo de concentración, y el epílogo), aparece un contratema –que representa el horror nazi– se muestra en la primera mitad a modo de aviso, y se presenta en todo su macabro esplendor en la segunda parte, aunque será finalmente vencido por los dos temas positivos, que además le sobreviven. En *La Comunidad* (Álex de la Iglesia, 2000) el tema principal es el propio contratema, y se presenta además como tema inicial, en todo momento dispuesto a amargar la existencia de la sufrida protagonista.

Otros ejemplos los encontramos en *Gladiator*, donde contratema que Hans Zimmer aplica al emperador Cómodo se enfrenta a los otros dos temas centrales, el del héroe y el de Máximo, el hombre que encarna a ese héroe, y lo hace además desde una posición radicalmente opuesta, como ya he explicado, o en la película de Martin Scorsese *Taxi Driver* (id. 1976), de la que Bernard Herrmann fue autor musical y en la que el duelo tema/contratema se entabla desde el mismo inicio de la película, se mantiene a lo largo de la misma y llega dotar de tres finales consecutivos al filme, como más adelante veremos. También lo hay en los filmes de Steven Spielberg *Close Encounters of the Third Kind*, *E.T. The Extra-Terrestrial* y *Catch Me If You Can*, con músicas de John Williams. En *Close Encounters of the Third Kind* es la música del ejército, contrapunto de los demás temas, y en *E.T. The Extra-Terrestrial* se asocia a los adultos, frente a las músicas del extraterrestre y de su amistad con el niño. Todos se enfrentan en una lucha de supervivencia en la maravillosa parte final de la película, desde que los científicos pierden a E.T.(cuando Michael y Elliott se lo llevan hacia el bosque en la furgoneta), y el contratema aparece con toda su furia, como bestia enloquecida, en una batalla campal donde intentará sabotear a los demás temas con un aparente descontrol muy ordenadamente ejecutado que lleva a la recta final de la película. En el caso de *Catch Me If You Can*, la música se persigue como en un juego del ratón y el gato, también con duelo tema/contratema pero en un sentido dramático. Esta comedia de aventuras con aires de suspense policíaco no tiene una banda sonora especialmente compleja ni sofisticada, pero tampoco lo pretende. Como la película narra la historia de un impostor, de alguien que cambia de identidad una y otra vez, pero que en realidad sigue siendo la misma persona, las melodías cambian de timbre pero mantienen su esencia. Hay un tema principal –el tema de Frank– y dos temas centrales: el tema de la persecución y el tema del padre.

El tema principal aparece en numerosas ocasiones, siempre describiendo el talante del personaje. Es jovial, fresco, vitalista y transmite cierta inocencia, describiendo las artimañas del personaje y la emoción que siente cuando las prepara o cuando observa, pletórico, su resultado. Es la música de sus anhelos, del mundo dorado en el que quiere vivir para escapar de su cruda realidad familiar, y su alegría contagiosa muestra la realidad desde su punto de vista, lo que hace que el espectador se posicione emotivamente a su lado y no vea sus actos reprochables.

Resumidamente, estas son sus principales características: 1. es expansivo, inunda el espacio por donde Frank pasa, contagiando otros personajes; 2. puede silenciar otros temas: mientras Frank hace los preparativos para hacerse pasar por piloto de aviones, escribe a su padre. En vez de sonar el tema del padre, como sería lógico, sigue sonando el tema de Frank: la ilusión del chico es más poderosa que su nostalgia. Lo mismo ocurre cuando decide hacerse pasar por médico; 3. puede entrar en otros personajes: cuando los superiores de Carl (el policía) dan el caso de Frank por perdido, le vemos sentado ante una mesa llena de cheques, en actitud reflexiva, intentando descubrir alguna pista que le permita atrapar al estafador. En ese momento no suena el tema de la persecución sino un tema secundario, de suspense, que refleja la confusión del agente. En él se cuelan sutilmente unas notas del tema de Frank, y de este modo la música indica que está intentando meterse en la mente de Frank, pensar como él para intuir sus movimientos y así poder atraparle;[24] 4. sobrevive a la persecución:

cuando Frank es capturado, el tema de la persecución muere (Carl ya no es una amenaza) pero el tema de Frank se mantiene. Desde ese momento la música deja de representar el mundo que el chico había construido a su alrededor, idílico pero irreal, para introducirlo en una nueva vida, honesta y esperanzadora, donde Frank usará sus habilidades para causas más nobles. Sólo encontramos una excepción, cuando Frank va por la calle y la visión de un uniforme de piloto le tienta a volver a escaparse mientras suena su tema. Salvo en esta escena, la música simbolizará la redención de los errores pasados del protagonista, y su consecuente éxito vital. Esta idea adquiere máxima plenitud en los créditos de cierre, cuando la orquesta entera interpreta por última vez y con gran ímpetu el tema principal.

El primer contratema es el tema de la persecución. Su estilo es jazz progresivo, dinámico, denota tensión y cierta amenaza pero sin llegar a ser dramático. Aparece por primera vez acompañando la mayor parte de los créditos de obertura del filme y en sus notas rápidas y escurridizas la idea de huida está contenida de una manera muy visual.[25] Cuando Carl esté cerca de Frank o bien descubra nuevas pistas para su captura, sonarán breves notas de este contratema y así el concepto de la persecución se reafirma en el nivel espacial de las referencias. Pero no llega a arrebatar el poder al tema principal: su reducción a fragmento lo debilita frente al tema de Frank y, además, nunca gozará de su fuerza expansiva y se limitará a acompañar

---

[24] Escuchamos aquí un tema sin melodía concreta, que sugiere que Carl no tiene las cosas claras, que no sabe cómo resolver el enigma. En la escena siguiente consulta a unos expertos en impresión de cheques, y se continúa sin reconocer el tema que suena. Pero cuando los expertos mencionan Francia, Carl encuentra la pista que buscaba y, en ese momento, suena de nuevo el tema de la persecución.

[25] Su motivo principal –muy breve y reconocible, con tres partes, las dos primeras de sólo cuatro notas– siempre se interpreta dos veces consecutivas, como si una estuviera persiguiendo a la otra. Incluso a veces esta repetición del motivo es perseguida a su vez por otras dos repeticiones del mismo interpretadas por un nuevo instrumento. Y por si fuera poco, a este juego con el motivo principal del tema le sucede a veces un breve interludio donde un instrumento toca un puñado de notas y otro le responde con otras pocas, así por tres o cuatro veces seguidas, como si el primero estuviera huyendo y el segundo siguiera sus pasos. El efecto se refuerza con la integración en la música de unos chasquidos con los dedos (inmediatez, rapidez de reflejos) y unas llamadas al silencio –shhh– pronunciadas vocalmente (secretos y confidencias).

siempre el mismo acto concreto, sin variar nunca de sentido. Cuando Frank sea finalmente capturado, el tema morirá.

Como contrapunto a la alegría del tema principal está el tema del padre, más apagado y melancólico y también es contratema, aunque con pretensiones dramáticas. A lo largo de la película va cambiando de sentido: empieza representando la dignidad herida del Sr. Abagnale para ir convirtiéndose en un nexo de unión con su hijo, simbolizando la nostalgia que Frank siente por su padre, a la vez que devuelve momentáneamente al chico a la cruda realidad de la que escapó. Cuando el padre muera, el tema sobrevivirá en forma de recuerdo dentro de la mente de Frank, quien se encontrará (trabajando en el FBI) en una situación para él triste, una tristeza muy similar a la vivida por su padre con anterioridad. La música establece un paralelismo emocional entre las dos situaciones, al tiempo que estrecha los lazos existentes entre ambos. Así, un tema que inicialmente reflejaba una sensación concreta de uno de los personajes, va ampliando su sentido, contagiando al protagonista y prolongándose más allá de la muerte del personaje al que representa. Funciona como contratema mientras se produce el contraste entre la alegría del tema principal y la amargura del contratema, pero deja de ser contratema cuando el hijo lo recupera tras la muerte del padre y sirve para evocarle.

- **Temas secundarios**

Los temas centrales son importantes dramática y narrativamente, mientras que los temas secundarios no tienen la misma relevancia, aunque sean más veces empleados, pues no tienen responsabilidad narrativa, no asumen implicación o significado que deba ser entendido por el espectador y, porque no definen nada, pueden haber tantos como se necesiten, sin límite alguno en su cantidad, pues su utilidad es circunstancial: una vez aplicado un tema secundario, no se espera del espectador que lo retenga y, por tanto, será rápidamente superado por la siguiente música. Por su falta de contenido narrativo e informativo, no comunican nada intelectualmente, sino sólo emocionalmente, en tanto un tema central se puede vincular emocional pero también intelectualmente.

Los temas secundarios se aplican para resoluciones concretas en secuencias concretas: la música en una persecución de coches, por ejemplo, ayuda a darle energía, ritmo o ímpetu, pero una vez concluida, la música puede ser olvidada. Por supuesto, un tema secundario puede volver a ser utilizado tantas veces como se quiera o se necesite, siempre y cuando sea en circunstancias idénticas o muy similares, y su sentido siga siendo ocasional. Si un tema secundario es reutilizado en circunstancias o contextos diferentes, es posible que acabe adquiriendo un significado para el espectador y pueda ser confundido con uno central, pues alguna razón dramática o narrativa debe haber que explique o justifique su presencia en distintos contextos. Por ello, también los temas secundarios deben ocupar sus espacios en la película con un sentido y una justificación clara. En si mismo, un tema secundario no tiene capacidad de equipararse en fuerza o importancia con un tema central, pero la unión de varios o muchos de ellos en un mismo nivel dramático sí puede asumir un papel determinante, sin que por ello dejen de ser secundarios.[26] La unión de temas secundarios en un mismo nivel dramático (el de la amenaza, por ejemplo) constituyen una herramienta de poder que no se debe desdeñar y que además puede resultar muy útil, especialmente cuando no se pretende de esas músicas una definición concreta. Si James Newton Howard, por ejemplo, hubiera referenciado la amenaza del bosque en *The Village* en forma de un tema central, el espectador tendría una definición de la amenaza en forma de música. Por el contrario, del bosque no llega una sino muchas músicas, insignificantes individualmente consideradas pero muy consistentes en su unión bajo el mismo nivel dramático. No definen, pero logran perturbar. Por ello, y aunque muchas veces cumplen ese cometido, los temas secundarios no son siempre *temas de relleno*. Son también importantes si se pretende evitar la concreción de ideas o conceptos.

- **El tema inicial**

Tema inicial es el que acompaña los títulos de crédito iniciales de la película. No es necesariamente el que abre el filme o el que suena primero: si los títulos de crédito vienen precedidos de una

---

[26] Dicho de otra manera, y si se me permite la licencia: un orco (de las bestias que pueblan *The Lord of the Rings*) es facilísimamente abatible. 20.000 juntos dan mucho miedo.

escena con música, esta música no sería tema inicial salvo que, comenzando antes de los créditos, se extiende a los mismos. En toda la serie de películas de James Bond, por ejemplo, encontramos primeras secuencias acompañadas de música que dan luego paso a los créditos, donde se escucha el tema inicial en forma de canción. La música previa sólo sería inicial si durante los créditos se mantiene la misma música, lo que no sucede en las películas de James Bond. Puede darse el caso que una película no tenga tema inicial, si los créditos no llevan música o si no hay créditos al principio. Por supuesto, un tema inicial puede consistir en la unión de más de un tema musical que luego, en la película, tengan desarrollos independientes. Su importancia es primordial y puede asumir diferentes utilidades, aunque hay que avanzar que no es lo mismo un tema inicial aplicado sobre títulos de crédito en negro donde no hay acción alguna que sobre aquellos en los que se desarrolla alguna acción. También puede darse el supuesto de títulos de crédito iniciales en los que sólo aparezca el logo de la productora y el título del filme, pero nada más. La música sería tema inicial.

Genéricamente, su primera gran utilidad y la más básica es ayudar a presentar la película al espectador, tanto estética como estilísticamente: un tema inicial romántico que presenta un filme que va a ser romántico o una melodía tenebrosa que introduce en un relato de terror. Recuérdese la plácida manera de empezar la película *La vida de Pi* (*Life of Pi*. Ang Lee, 2012) gracias al agradable tema inicial de Mychael Danna. Sucede, sin embargo, que los títulos de crédito iniciales de una película (y más si son sobre fondo negro y, por tanto, sin acción narrativa alguna) es un espacio privilegiado para hacer algo más interesante que la mera inserción de un tema inicial con fines estéticos.

Un tema inicial puede condicionar, de modo determinante, cómo entra el espectador en la película, mucho antes de que esta se explique. Por ejemplo: si el tema inicial es una melodía romántica, pero profundamente afectada, entonces el espectador deducirá que lo que va a ver es una historia romántica, pero dramática. Y aunque en el guion literario la tragedia no se presente hasta bien entrada la trama, la música ya lo habrá adelantado y, por tanto, el espectador lo estará esperando. Esto, por supuesto, responde al acto deliberado de dar al espectador unas pautas que no están señaladas en el guion literario. Si, por el contrario, el tema inicial es un tema romántico de tono dulce y agradable, el espectador entrará en la película con la misma inocencia (y desconocimiento) que los personajes, y tendrá que toparse con la tragedia cuando esta llegue en el guion literario. Ambas posibilidades son válidas pero dan resultados diferentes. Todo depende de la elección del tema inicial y sabiendo, como vengo apuntando desde el principio, que el espectador no cuestiona aquello que le dice la música: aunque la tragedia no llegue hasta la última secuencia del filme, el espectador dudará de la eterna felicidad de los protagonistas (aunque estén permanentemente acompañados por música dulce) si en el tema inicial se le ha dado esa indicación concreta, por ejemplo, en *Fargo* (id. Joel Coen, 1996), el imponente tema inicial avanza la tragedia sobre unas imágenes que aparentan ser apacibles (un coche conduciendo por una carretera).

Puede incluso llegar a ser más determinante, como sucede en dos películas relativamente similares como *Spartacus* y *La caída del Imperio Romano* (*The Fall of the Roman Empire*. Anthony Mann, 1964). Ambos filmes se ambientan en un mismo entorno (el Imperio Romano), en ambos el contexto es de gran violencia (rebelión y guerra) y en ambos florece o trata de sobrevivir una historia de amor (la de Espartaco y Varinia, y la de Livius y Lucilla). Sin embargo, la manera de entrar en una u otra es diferente: en *Spartacus*, el tema inicial de Alex North es un tema de violencia, de caos, de desorden, de conflicto, y ese es el contexto en el que el espectador entra. Luego, en el desarrollo de la película, aparecerá el amor (con su tema musical) pero tendrá que partir de cero, también para el espectador. En *The Fall of the Roman Empire*, Dimitri Tiomkin escribió un tema inicial que manifestaba plenamente lo romántico, y el espectador entonces entraba en una película donde el eje no iba a ser el conflicto sino el amor entre los protagonistas. Este tema inicial, además, fue especialmente relevante para remarcar la tristeza por un amor condenado de antemano por el fatídico entorno hostil. Es cierto que en la película de Anthony Mann la relación sentimental entre los protagonistas no se crea, sino que ya existe de buen principio, en tanto que en el filme de Kubrick esa relación se ha de construir. Bien, imaginemos (sólo es una hipótesis) que hacemos un cambio en la ubicación de los temas románticos de ambas películas: en *Spartacus* colocamos como tema inicial el tema romántico y en los créditos de *The Fall of the Roman Empire* cualquiera de los temas violentos (que los hay) de Tiomkin. El efecto será el mismo, pero exactamente a la inversa: podrán acontecer muchas escenas violentas y de guerra, pero el espectador estará invariablemente a la espera de que aparezca el amor (en *Spartacus*), y el espectador entrará en un mundo violento y caótico donde, como flor en un desierto, aparecerá el amor (en la versión manipulada de *The Fall of the Roman Empire*). El tema inicial, así, puede determinar el cómo entra el espectador en la película.

Tema inicial como elemento estético o tema inicial como elemento determinante que dirige al espectador hacia algo concreto. Hay más opciones: aplicar el tema inicial como un avance de lo que ha de venir, como un aviso o como un punto de vinculación con una escena posterior. Es lo que sucede en buena parte de las películas de Alfred Hitchcock con Bernard Herrmann y lo que viene sucediendo en todas aquellas que han seguido el método narrativo del genial compositor neoyorquino: aprovechar el espacio de los créditos iniciales (sin acción) para adelantar acontecimientos, presentar en forma de tema inicial un tema que será especialmente importante en la película, de tal modo que cuando aparezca por vez primera dentro del desarrollo argumental del filme, el espectador recuerde que esa música le fue avanzada en los créditos iniciales. Se remarca, así, su importancia sobre otras músicas que pueda haber en la película. En *Vertigo* el tema inicial vuelve a sonar en una escena concreta, cuando Judy (Kim Novak) está en la peluquería y se le dan los últimos retoques para transformarse definitivamente en Madeleine. Es entonces cuando realmente comienza la espiral que llevará al protagonista hacia los infiernos. La espiral que también se anunciaba gráficamente en los títulos de crédito diseñados por Saul Bass. En *Con la muerte en los talones* (*North By Northwest*. Alfred Hitchcock, 1959), por su parte, el tema inicial expone una idea muy clara, la persecución, y volverá a escucharse cuando esta realmente comienza para el desesperado protagonista, cuando intenta no matarse en el coche en el que le han dejado borracho. En *Psycho*, el vibrante tema inicial sirve evidentemente para presentar el tipo de película, pero tiene una utilidad mayor, y es la de hacer la indicación sutil y subliminal al espectador para que retenga esa música, porque más adelante, cuando vuelva a ser aplicada, se señalará que algo importante sucederá a partir de ese momento: ese tema es vuelto a emplear en la secuencia donde la protagonista conduce en plena noche y con lluvia, huyendo tras el robo. En ese instante, y por la reiteración del tema, el espectador sabe que lo que tenga que suceder, sucederá a partir de ahí. Si no hubiera habido esa presentación previa, el espectador simplemente vería esa escena como una secuencia de tensión, y poco más.

Este método narrativo permite establecer una interesante y útil comunicación intelectual con el espectador y facilitar el discurso que vaya a tener ese tema, si efectivamente es empleado como elemento narrativo y no se queda en un mero tema inicial. Y este método, tan útil y tan eficiente, no ha sido ni superado ni mejorado, sino constantemente reiterado desde entonces y sigue vigente en el cine actual, como por ejemplo en *Señales* (*Signs*. M. Night Shyamalan, 2002) o en *Arrástrame al Infierno* (*Drag Me To Hell*. Sam Raimi, 2009), en ambos casos con temas iniciales –que serán también principales– que tienen una importancia absoluta en la película y que son presentados de esta manera en los créditos del inicio. Ayuda a este propósito el que los créditos no vayan acompañados de narración, porque ciertamente si hay alguna acción en marcha el espectador prestará atención a lo que esté sucediendo y lo normal será que la música se corresponda a lo que esté sucediendo, es decir, que se ubique bien en el nivel espacial de las acciones o de las emociones: difícil que sea en el de las referencias pues, con la película recién comenzada, probablemente no haya referencia que pueda explicarse con música, salvo aquella que sea conocida por el espectador al margen de la película (como por ejemplo la marcha nupcial de Mendelsson que indique que los protagonistas de esa primera escena se han casado). Pero hay la opción de ubicar el tema inicial en el cuarto nivel espacial, el de la música adelantada. Ya lo comentamos a propósito de *The Silence of the Lambs* y también sucede en *One Flew Over the Cuckoo's Nest* o en *El escritor* (*The Ghost Writer*. Roman Polanski, 2010). Como ya indiqué en otro apartado, en *One Flew Over the Cuckoo's Nest* hay un doble nivel dramático en el que toda la partitura incidental se vincula al concepto de libertad –la que busca el protagonista–, en tanto que la diegética expresa el concepto de opresión. En los títulos de crédito vemos un paisaje al amanecer, y por una carretera de ese paisaje circula un coche. El tema inicial de Jack Nitzsche es una melodía amerindia, pero si la película no transcurre en una reserva amerindia ni el protagonista (Jack Nicholson) es amerindio, ¿qué sentido tiene que el tema inicial sea una melodía amerindia? Bien, comencemos aclarando que el personaje protagonista no tiene ninguna música para sí, y eso tiene una explicación muy sensata, que es la de no arroparle en ningún momento y, con esa ausencia, dejarle mucho más solo y desamparado. Sin embargo, hay un personaje, Chief Bromden (Will Sampson) que sí es amerindio y que, aunque es secundario, es aquél que le da finalmente la libertad que tanto anhela el protagonista, matándolo por piedad cuando se le ha practicado una lobotomía. Es en esa escena, la última de la película, donde reaparece por segunda y última vez la música que sonó en los títulos de crédito iniciales, aquí plenamente desarrollada. Al ser una música asociada a la libertad (metafórica, en este caso) y a quien la facilita (el personaje amerindio) el que la película arranque con este tema implica no sólo que se avanza el acontecimiento sino que se le otorga la máxima relevancia. De no haberse aplicado como tema inicial, la secuencia final no tendría esa poderosa carga emocional y sería una música más, como tantas otras, en la película.

En el caso de *The Ghost Writer*, con música de Alexandre Desplat, el tema inicial se aplica a lo largo de la película y llega hasta el final de la misma. Como en el anterior ejemplo, la música no tiene –cuando es todavía tema inicial– el significado que sí adquirirá más adelante, cuando llegue a representar el poder, presencia o amenaza de una entidad (la corporación) de la que el protagonista será víctima. En la escena de los créditos podría incluso confundir su significado: vemos al protagonista desplazándose en un barco y la música, acelerada y de misterio, no parece tener otro sentido que el de ambientar el misterio. Pero eso más adelante ya se concretará. Lo que importa es que la película arranca con esa música, cuyo significado el espectador no conoce y, por tanto, no la considera una amenaza directa para el protagonista, como más adelante sí sucederá. Avanzándola a la misma adquisición de ese significado, se le otorga una mucho mayor importancia.

En ambos casos, los temas son también los principales en sus respectivos guiones musicales. ¿Puede, pues, un tema inicial ser también el principal de la película? Pues la respuesta, por sorprendente que pueda resultar, es que no. Un tema inicial, como tal, nunca será el tema principal, por la razón que aún no se han establecido las jerarquías entre los temas. Eso sí, puede llegar a serlo a lo largo o al final del filme, lo importante es saber cuándo. El tema inicial de *One Flew Over the Cuckoo's Nest* se convierte en el principal en la escena donde adquiere su máximo sentido; el de *The Ghost Writer*, cuando ya ha vencido los obstáculos y renace en todo su esplendor (y maldad, pues es también contratema) en la parte final. Atribuir o entender un tema inicial como tema principal, aparte de no tener sentido, destruye la evolución dramática o narrativa que pueda tener ese tema, si de buen principio ya se le atribuye el máximo poder: un tema principal debe ganarse ese puesto, y lo hace en la evolución que tenga en el desarrollo del guion musical.

Este modo de emplear el tema inicial, como punto de partida para una posterior implicación del tema en la película, viene funcionando desde hace tiempo. Sin embargo, desde hace relativamente poco, se ha incorporado un nuevo método que está resultando muy útil e interesante, y es el de no presentar como tema inicial un tema más o menos desarrollado sino sólo un fragmento del mismo, apenas unas notas que funcionan más como un código que como presentación del propio tema. Coincide cuando los créditos iniciales consisten sustancialmente en el logo de la productora, el título del filme y poco más y sucede por ejemplo en *Gladiator*, en *Inception* o en *How to Train Your Dragon*. Este código lo conforman apenas unas notas identificativas de lo que será un tema desarrollado pero es en sí un tema inicial en tanto acompaña créditos iniciales, por escasos que sean. La película *Gladiator* arranca con unas notas del contratema (el tema central del emperador Cómodo) y no con cualquiera de los dos temas que se le otorgan al protagonista (el tema heroico y el tema dramático). Y esto tiene sentido porque se transmite al espectador, en forma de código de información, el gran peligro que va a suponer la figura del emperador: los dos temas que se aplican al protagonista (uno para el gladiador, el héroe, y el otro para Máximo, el ser humano) son temas en nivel de percepción alta, con los que se hace partícipe al espectador tanto de la heroicidad como de la melancolía del personaje protagonista. El contratema del emperador Cómodo, sin embargo, fluye siempre en un nivel de percepción bajo, funciona sibilinamente y otorga un gran poder a su receptor, de ahí la importancia de dar el aviso previo presentándolo como código al principio del filme.[27]

En *Inception* se presenta apenas unas notas de lo que será el tema principal, a modo de aviso, y no volverá a sonar hasta pasada la media hora de película, justamente cuando se menciona por primera vez lo que son los tótems y para qué sirven. En *How to Train Your Dragon*, por su parte, se escuchan unas notas del que acabará siendo el tema principal de la banda sonora, la bella melodía que une al chico y al dragón. Como se trata de una relación que evoluciona desde la desconfianza mutua hasta la perfecta unión, tiene sentido que ese tema evolucione sincrónicamente y aquí el compositor, John Powell, lanza en forma de tema inicial ese código porque supone un primer paso (aquí, avanzado) de esa relación.

El tema inicial, pues, puede suponer un punto de partida y una plataforma de lanzamiento hacia el interior de la película de la que se puede sacar máximo provecho. Pero en el cine todo lo que comienza debe acabar, y para eso está el tema final.

- **El tema final**

Tema final es el que cierra la película, pero no necesariamente el último que suena. Se corresponde a la música que acompaña los créditos finales, por lo que si en estos no se inserta música, la última música que sonase (en una secuencia previa), no sería un tema final. Eso sí, el tema final puede comenzar antes de los créditos finales y desarrollarse en los mismos. Muchas películas acaban de este modo, con una última secuencia en la que se aplica una música que sigue sonando cuando la imagen se funde en negro y aparecen los créditos. Puede darse el caso de que una película no tenga tema final, si los créditos no llevan música o si no hay créditos finales. Su importancia es primordial, pues es el que cierra la película y puede contribuir no sólo a dar al conjunto del filme coherencia estilística sino también resolver algunas cuestiones dramáticas. Naturalmente, en ocasiones tiene un sentido neutro. Puede conformarlo un único tema musical o

---

[27] Se trata de un tema sencillo, sinuoso, con variaciones de instrumentos de cuerda y flauta, que recuerdan el sesear de *una serpiente viperina y se relaciona con la conspiración, con lo oculto y lo siniestro. La referencia a la serpiente no es gratuita*, ya que a lo largo de la película hay referencias a las serpientes y Cómodo, con su forma de moverse y actuar, recuerda a ellas.

una sucesión de varios. A diferencia de lo que sucede con el tema inicial, un tema final sí puede ser el principal porque la película ha acabado y ya se han establecido las cuotas de poder entre los temas. El tema inicial y el final pueden ser diferentes, idénticos o una variación de lo mismo. Si son idénticos, lo que se produce es un efecto equilibrado y simétrico, una forma de *encerrar* un filme dentro de un mismo color musical manteniendo la coherencia, incluso cuando los temas que hayan sido insertados en la película nada tengan que ver con el inicial y final. Sucede así en *La huella* (*Sleuth*. Joseph L. Mankiewicz, 1972), cuya partitura es de John Addison. La deliciosa música de los créditos iniciales, una melodía de aire circense, aventura que lo que encierra el filme es un gran juego, al que el compositor invita a participar. Y cuando este juego de trampas y crímenes perfectos se acaba, el compositor cierra la peculiar fiesta del mismo modo, aunque más brevemente.

Hay una tendencia, bastante más habitual de lo que sería deseable, a insertar como tema final una o varias canciones, lo que suele responder a criterios comerciales, salvo que esa canción sea una versión de algunos de los temas musicales de la película, como es el caso de la célebre *My Heart Will Go On*, de *Titanic* (id. James Cameron, 1997), que es una versión cantada del tema principal del filme. Pero en no pocas ocasiones esa canción resulta inapropiada porque el espacio de los créditos finales es el lugar idóneo para que el compositor aporte una conclusión a lo que ha sido el devenir de su guion musical. Lamentablemente, no pocas veces no se concede ese privilegio a la película (ya no al compositor) y se condena al compositor a hacer verdaderos equilibrios para que todo su discurso narrativo tenga sentido. Y eso no siempre se logra.

Sí lo logró, y con resultados que merecen ser comentados con detalle, Bernard Herrmann en *Taxi Driver* hasta el punto de aportar con su música (y también en su tema final) no uno sino tres finales diferentes a la película. Ya comenté con anterioridad que en el guion musical se entabla un verdadero duelo tema/contratema y este arranca desde el mismo comienzo de la película, como tema inicial que agrupa los dos temas centrales sobre los que gira la banda sonora, ambos en plena igualdad dramática y en absoluta conformidad con lo que se explica en el guion literario del filme.

El personaje del taxista Travis Bickle (Robert De Niro) es un personaje dual y todo el guion musical está construido en función de y para realzar esa dualidad, sacrificando en el camino cualquier otra música que pudiese distraer o estorbar el proceso discursivo que se inicia desde el mismo tema inicial. No hay, por tanto, música para los demás personajes importantes (la prostituta adolescente, la joven que trabaja en el gabinete electoral o el proxeneta) ni tan siquiera para Nueva York, la inmensa ciudad omnipresente en la película de Scorsese. Toda la música está focalizada en la dualidad Jekyll/Hyde de Travis Bickle: el Travis/Jekyll en forma de una cálida música jazzística, plácida y empática, con protagonismo del saxo, y el Travis/Hyde en la forma de un tema musical disonante, lúgubre y sombrío. En los créditos iniciales, vemos en guion literario al taxista conduciendo en la noche neoyorquina. Ambos temas se alternan fragmentadamente, dando como resultado un tema inicial poco armónico que avanza la personalidad del protagonista, y se hace de un modo aparentemente ilógico: el tema amenazante sobre las imágenes de la ciudad, mientras que el tema jazzístico sobre los ojos y el rostro de Travis. Dado que este tema inicial no es más que un avance de lo que habrá de venir (y eso es mucho) es inevitable que el mensaje que se traslade al espectador en ese momento sea el que el peligro está en la ciudad y el taxista no es una amenaza. Pero el compositor se encarga enseguida de corregir esa impresión porque en el momento en que el protagonista baja de su taxi y se dirige a la oficina de su empresa, la música que le acompaña –y, por tanto, la que le referencia– es la de Hyde.

Concluidos los créditos del inicio y acabado el tema inicial, ambos temas se separan y no se volverán a encontrar hasta el final. En el proceso, entablan un duelo de supervivencia. Toda la música se ubica en el nivel espacial de las emociones del personaje, lo que será determinante para que, independientemente de lo que explique el guion literario, sea el guion musical el que aclare si es Jekyll o si es Hyde el que está dominando la personalidad del protagonista. Se hace de modo relativamente fácil: ambos temas centrales aparecen en las primeras fases simultáneos a la voz en off del personaje, que explica cómo se siente y qué piensa. Y aunque el nivel sonoro baje durante esos momentos, la música se mantiene funcionando en el plano de percepción inconsciente para el espectador, por lo que la asociación de la música a los pensamientos del protagonista se reafirma.

El tema jazzístico aparecerá en los pensamientos y situaciones positivas para el personaje: cuando consigue una cita con Betsy (Cybill Shepherd), o en su trato con Iris (Jodie Foster), sabiéndose su salvado[28] Por su parte, el contratema se asocia a los pensamientos y situaciones negativas para el personaje: siempre que hay acción, la música desaparece, sólo suena para identificarla con el pensamiento, no con la práctica del mismo. Por ejemplo, tras discutir con Betsy o al comienzo de la asfixiante escena en la que un cliente (el propio Martin Scorsese) le asegura, mientras le lleva en su taxi, que matará a su esposa. La explicación del cómo y por qué la matará transcurren dentro el silencio musical... ese es un asunto que a Travis no le concierne y por tanto en esa explicación no tiene sentido la presencia del contratema (bien al contrario, evidencia la indiferencia del taxista). Pero cuando el cliente le cuenta que la matará con una Magnum 44, a Travis se le despierta algo en su interior, y no es otra cosa que la de hacerse con un arma para resolver los problemas del mundo. Es entonces cuando el contratema volverá a dominar el plano y sus reflexiones, que continúan ya en soledad durante su soliloquio ante el espejo. Otro ejemplo: en la escena en que Travis consigue quedar con Iris para desayunar y alejarla de los bajos fondos, tras concertar la cita se escucha tema de Jekyll (Travis/redentor), pero nada más salir de la habitación, se encuentra con el casero del prostíbulo, y entonces aparece el contratema (Travis/justiciero). Ambos temas se contradicen a la vez que se necesitan y luchan por dominar la mente de Travis.

Vamos a la parte final de la película, a partir del momento en que Travis baja del taxi y asesina al proxeneta. Se dirige hacia el hostal y comienza la masacre, toda ella en absoluto silencio musical: Travis no piensa, sino que actúa y, como he indicado, la música se ubica en su pensamiento, no en sus acciones. Pero cuando finaliza la masacre, Travis yace agónico y la policía entra en la habitación,

---

[28] Hay una sola y curiosa excepción, y es cuando este tema se escucha diegéticamente cuando el proxeneta intenta convencer a Iris para que no deje la prostitución. Pone un disco y empiezan a bailar al son del tema. Aunque la música no se ubique en la mente de Travis, es ella quien encarna el anhelo de éste: la voluntad de salvarla. Así, tanto Travis como su causa irrumpen en escena. Por otra parte, que las esperanzas de Travis sean pervertidas por el baile del proxeneta resulta desalentador y patético.

reaparece con fuerza el contratema y, dentro de él, suena una referencia pulverizada e incluso siniestra del tema de Jekyll. ¿Ha vencido Hyde a Jekyll? Todo aparenta que efectivamente es así: no sólo el contratema ha fagocitado al tema al que se enfrentaba sino que además se expande victorioso mientras la cámara sale del hostal y se aleja de la calle llena de policías. Primer final. La película podría acabarse aquí y dar como resultado que Jekyll ha sido derrotado por Hyde. El contratema, en este caso, se alzaría como tema principal de la banda sonora.

Pero la película tiene una sorpresa, irónica, y no es otra que Travis ha sobrevivido y se ha convertido en algo parecido a... ¡un héroe nacional!. Vemos su habitación llena de recortes de diarios elogiándole por haber salvado a una adolescente mientras se escucha en off la voz del padre de Iris leyendo la carta de agradecimiento que le han escrito al salvador de su hija. Suena entonces el tema positivo, el de Jekyll, y Travis es poco menos que legendario. Vuelve a su taxi, y casualmente es Betsy (aquella que le rechazó y ahora le admira) su primera pasajera. Y el tema de Jekyll suena en todo su esplendor cuando ella deja el taxi, él sigue su camino y comienzan los créditos finales. Segundo final, absolutamente opuesto al primero: es el tema positivo el que se hace con todo el espacio dramático y la conclusión, inevitable, es que el duelo ha sido ganado por este tema, que sería en lógica el tema principal de la banda sonora.

Hay un tercer final, pero este no depende del guion literario sino exclusivamente de la música: en los créditos finales, y dentro del tema final, suena el tema de Jekyll (aparentemente el principal), pero súbitamente irrumpen los redobles del contratema y este reaparece, golpeando al espectador hasta el mismísimo final del filme. Tercer final: todo vuelve a ser como al principio. Nada ha cambiado. Hyde no ha muerto. Jekyll tampoco. La misma dualidad, el mismo conflicto. No hay tema principal. Sólo dos centrales que tendrán que seguir combatiendo por hacerse con el dominio de su propietario. Un guion musical que se desarrolla desde el comienzo del filme hasta su último segundo. Los espectadores que, al empezar los títulos de crédito finales del filme, se levanten de las butacas o apaguen el televisor, se lo pierden. Herrmann dio en este su último filme igual importancia e igualdad al tema inicial y al tema final.

5. Distribución musical

- **Subtema**

Un subtema es la sumisión de un tema a otro, de su inserción en el seno de otro, que asume una posición en principio dominante. Si por ejemplo en un tema principal (A) se incorpora un fragmento de uno central (B), éste queda supeditado al principal (Ab), y se convierte en su subtema. Hay tres razones que justifican este uso: para la referencia (nivel espacial de las referencias), para remarcar la posición de dominio y finalmente para dotarlo un mayor campo de acción. En cualquiera de estos supuestos, el uso de un tema como subtema ha de ser comprensible, y por ello debe derivar de un tema central –o de un motivo principal, que más adelante explicaré– para que el espectador sepa lo que se está referenciando, subyugando o ampliando, en tanto el tema dominante puede ser uno central pero también uno secundario, en este caso limitándose a alojarlo provisionalmente. Un tema secundario, desprovisto de cualquier carga de significación, no puede convertirse en subtema.

Cuando dos temas se unen en igualdad de condiciones (A se une a B y forman AB) no hay subtema: simplemente, la unión de dos temas. Por el contrario, el que A absorba a B y el resultado sea desigual (Ab), implica que del subtema (b) se está obteniendo una utilidad narrativa o dramática específica. En el ámbito de la referencia, la intención obvia es la de incorporar su significado en pantalla: el chico está pensando en su amada ausente, lo que se especifica si en el tema del añorante chico (A) suena como subtema el tema de su amada (b). Aquí no hay posición de poder de un tema sobre el otro, sólo referencia o cita. En las cuestiones de dominio o poder, se está indicando en ese momento que no hay igualdad entre lo que significan los dos temas, por la razón que sea: la destrucción del tema central convertido ahora en subtema, por ejemplo. En este caso, el subtema (b) queda completamente supeditado al dominante: es exactamente lo que sucede con el tema jazzístico *de Jekyll* en *Taxi Driver* que comenté en el apartado anterior, cuando se escucha como subtema del contratema *de Hyde* en el primer final del filme: los dos temas, que habían cohabitado en igualdad, aquí evidencian que uno ha ganado al otro, y lo ha fagocitado. No es una referencia, es un dominio total. Puede suceder al contrario, que sea el subtema el que pretenda ocupar y dominar los espacios del tema que lo aloja, en una suerte de elemento cancerígeno y dañino: en *District 9*, con música de

Clinton Shorter, el tema central de Wickus, el sufrido protagonista, incorpora en distintos momentos como subtema el tema del general Fobus, personaje que lo intenta someter y dominar, creándose así una batalla entre ambos en el terreno musical. En *Up*, el tema del siniestro Charles Munz se aloja también como subtema en distintos momentos, no sólo como referencia sino como amenaza de su peligro. O en *La vita è bella*, donde en la secuencia de la partida del tren de la muerte suena el tema de amor como subtema del contratema, que es fagocitador.

En el próximo apartado abordo los motivos y fragmentos. En el mismo podré desarrollar mejor la tercera opción del subtema, que es la de funcionar como tal para poder dotarle de una mayor entidad.

- **Fragmentos y motivos: el leit-motif**

La música en las películas no sólo se constituye de temas, también hay espacio para los fragmentos: un sonido de flauta, unos acordes de guitarra, unos trémolos de piano o un golpe de efecto orquestal son puntualizaciones que satisfacen necesidades concretas, como por ejemplo remarcar una impresión o sensación, dar mayor virulencia a un trueno, facilitar un tránsito entre secuencias, etc. Con apenas unas notas, sin mayor desarrollo, puede lograrse que el espectador perciba la inquietud que provoca un lugar o personaje, la felicidad de un estado de ánimo o la calma de un paisaje. Hay tres tipos: los independientes, los derivantes y los derivados. Independientes son aquellos que no cumplen otra función que la de resolver un impacto musical determinado en un momento determinado: un golpe de efecto orquestal, por ejemplo. No generan ninguna aportación narrativa en el guion musical, son trozos de música puestos para *parchear* instantes concretos.

Los fragmentos derivantes son aquellos que comienzan como fragmento pero que irán tomando cuerpo y forma hasta alcanzar la forma de tema musical. Los derivados son, por el contrario, aquellos que proceden de un tema musical que se ha deconstruido y atomizado, hasta quedar reducido a su expresión más elemental. Los fragmentos derivantes tienen como utilidad narrativa el evidenciar un crecimiento; los fragmentos derivados pueden referirse a una destrucción o a la reducción a lo básico de un tema musical para que siga presente sin tener que hacerlo en su totalidad, aunque pueden existir como tales si derivando en o viniendo de un tema, tienen en su condición la suficiente entidad para ser reconocidos y vinculados al tema en el que se desarrollan o del que proceden, por lo que pueden ser reconocidos como motivos, que sí tienen entidad como para ser reconocibles, estan dotados de propia personalidad y pueden contar con elementos armónicos, melódicos o rítmicos propios. Lo constituyen escasas notas que, pese a su brevedad, sí dan algunas indicaciones importantes, por lo que no puede exisitir como tal un motivo independiente, salvo que se trate de un leit-motif, del que hablaré enseguida.

Ejemplos de motivos derivantes son las indicaciones en forma de código que expliqué respecto a *Gladiator* y *How to Train Your Dragon*: en ambos casos sustanciadas en forma de unas breves notas que tienen entidad propia y que acabarán formando parte de un tema central. Ejemplos de motivos derivados los encontramos con enorme frecuencia, cuando se reduce un tema central a la forma de motivo bien como referencia o como expresión de su destrucción, como en el caso de *Taxi Driver*.

El leit-motif no necesita desarrollarse en forma de tema para mantener su entidad, pero puede hacerlo o un tema puede comprimirse y reducirse en la forma de leit-motif. El leit-motif fue popularmente introducido en el cine por Max Steiner y puede ser independiente, derivado o derivante, aunque en este caso dejaría de ser motivo para convertirse en tema, que es lo que por ejemplo sucede con el leit-motif de John Williams para *Close Encounters of the Third Kind*, que comienza siendo una referencia de comunicación y finaliza en un gran tema musical sinfónico, que eleva su categoría, significado y simbolismo. El leit-motif se relaciona con algo concreto y exclusivo y la definición que asume es inamovible e incambiable, cumpliendo las funciones de la música necesaria al establecer una comunicación intelectual con el espectador. La película *King Kong* (id. Ernst B. Schoedsack, Merian C. Cooper, 1933) fue uno de los primeros títulos que hicieron uso del leit-motif: unas notas vibrantes e intensas aplicadas en la figura de la bestia, de tal modo que, cada vez que sonaban, la música hacía explícita referencia a King Kong. ¿La utilidad?: que no fuera necesario mostrar siempre al monstruo en pantalla. Con su leit-motif, King Kong estaba presente, aunque no fuera físicamente. Al ser exclusivista, si se aplica a algo sólo podrá referirse a ese algo en lo sucesivo. Si en *King Kong*, por ejemplo, se pretendiese que ese motivo atendiese otros asuntos, se provocaría confusión, porque se perdería la referencia. No es necesario aplicarlo cada vez que aparece en pantalla aquello a lo que se refiere, pero sí que la referencia aparece, aunque no sea visualmente, cuando se aplica el motivo. Es decir: no porque King Kong salga en pantalla debe sonar el leit-motif, pero cuando suena el leit-motif, King Kong sale en pantalla, siquiera como referencia.

Su empleo fue frecuente durante décadas por su utilidad explicativa. Hanns Eisler lo justificó: *mientras su fuerza evocadora proporciona al espectador sólidas directivas, facilita al mismo tiempo la labor del compositor en medio de la apresurada producción: se limita a citar en donde, en otro caso, debería inventar* [29] Y Chion alaba su funcionalidad: *El leit-motif asegura al tejido musical una especie de elasticidad, de fluidez deslizante (...) Cuando se renuncia a este uso en mayor o menor medida, no resulta nada fácil encontrar otra regla de juego.*[30] Puede ser repetido cuantas veces se considere necesario o cuantas veces sirva para el propósito por el que ha sido creado.[31] Uno de los ejemplos más célebres es el de *Laura* (id. Otto Preminger, 1944), donde la hermosa partitura de David Raksin se apoyaba en el leit-motif de Laura, con la finalidad de que sirviera de permanente referencia, tanto romática como de cierto enigma. Se empleó diegética e incidentalmente y fue usado unas treinta veces. Tal abundancia se corresponde a las numerosas veces que el personaje es recordado o evocado por los personajes. Otro de los títulos pioneros en su uso fue *La novia de Frankenstein* (*The Bride of Frankenstein*. James Whale, 1935), con música de Franz Waxman, en la que el

---

[29] "The ease with which they are recalled provides definitive clues for the listener, and they are also practical help to the *composer in his* task of composition under pressure. He can quote where he otherwise would have to invent". Adorno, T. y Eisler, H. «Composing for Films» (Continuum, 2005) P 4

[30] "Le leitmotif assure au tissu musical une sorte d'elasticité, de fluidité glissante (...) Le jour ou onen a délaissé plus ou moins l'usage, il n'a pas été si facile de retrouver une autre règle du jeu". Chion, M.: Op. cit. P. 220

[31] Algunas veces, eso sí, se ha exagerado en su empleo. El terrorífico leit-motif de *La mujer y el monstruo* (*Creature from the Black Lagoon*. Jack Arnold, 1954) se llega a repetir hasta 150 veces.

compositor expresó el caos por la combinación de belleza y el frenético tenebrismo, logrando una sensación de decadencia y terror. Aplicó cuatro notas dedicadas al monstruo de Frankenstein, basadas en su gruñido, tres notas altisonantes y exóticas destinadas a la novia que permitían la confección de una melodía abierta que se utilizaba de muchas formas, y acompañó al doctor Frankenstein con un tema deliberadamente grotesco y alocado. En la combinación de estos tres aspectos y en una música vanguardista, logró un hito.

Como referencia musical exclusiva y precisa, tiene un uso que siempre ha de ser cierto: no se puede utilizar como engaño, ya que, superado este, el espectador no volverá a creer en él y provocaría confusión. Si en *Jaws* el leit-motif del escualo (impecablemente empleado) se utilizase para despistar en la secuencia del falso tiburón (cuando unos niños aterrorizan a los bañistas jugando con una aleta de plástico), entonces a partir de ese momento se dudaría de su verosimilitud. Por el contrario, John Williams fue honesto en su uso: en la escena del falso tiburón no hay nota alguna de música, y menos del leit-motif.[32] Su gran ventaja narrativa es la inmediatez que le otorga su brevedad. Si *Jaws* se sustenta en un leit-motif es por motivos prácticos: sería inviable referenciarlo con un tema que necesitaría de un tiempo del que la película no dispone: el escualo se mueve rápido y su música debe ser también fulminante. Esto es más que razonable, pero ¿puede ser utilizado más allá de la referencia? En este caso, no. Al menos si se sigue empleando individualmente su uso advertirá de la presencia del animal, pero muy difícilmente puede generar otra sensación que el susto. La solución que se le dio a este problema, y que suele ser la más recurrida, es insertarlo en una serie de temas secundarios, que lo alojan como subtema para darle un mayor vigor, sin que por ello se convierta en tema. El mismo John Williams, en *War Horse* (id. Steven Spielberg, 2011), vinculó emocional e intelectualmente al muchacho protagonista y a su caballo en base a un motivo insistente y muy frecuentemente utilizado durante toda la primera parte del filme, que ocasionalmente desarrollaba como tema, y que luego, durante la larga segunda parte de la película, no usó, dejando en el espectador una importante sensación de vacío, para

---

[32] Se sacrificó un momento de tensión en beneficio del resto del filme. Además, justo acabada la secuencia, irrumpe el verdadero tiburón, suena el leit-motif y el terror regresa a la película.

luego en el epílogo retomarlo en toda su plenitud, ya como tema principal.

- **El movimiento de los temas: la música repetida, variada y transformada**

Cuando un tema suena más de una vez a lo largo del guion musical puede deberse a criterios estéticos pero también narrativos. Son tres los movimientos de un tema que se emplea en más de una ocasión: la música repetida, la música variada y la música transformada. Una música es repetida cuando suena igual en distintas partes del filme y variada si se le aplican arreglos y diferencias. Tanto una como la otra mantienen en todo momento su mismo significado y son, por tanto, temas narrativamente estáticos. Por el contrario, la música transformada es aquella que –bien en su repetición, bien en su variación– llega a cambiar ligera o sustancialmente su significado, pudiendo llegar a ser el opuesto al planteamiento inicial: es la manera más práctica de transformar el código genético de un tema central. Por tanto, un tema transformado no es estático sino dinámico. Un tema secundario puede repetirse o variarse, pero sólo corresponde a los centrales la capacidad de transformarse, aunque estos también pueden limitarse a ser repetidos o variados.

El tema principal de *El tercer hombre* (*The Third Man*. Carol Reed, 1949), de Antón Karas, se repite sin alteraciones, a pesar de los cambios argumentales, pero con esas repeticiones la música reafirma una sola impresión, estática. En *Instinto básico* (*Basic Instinct*. Paul Verhoeven, 1992), Jerry Goldsmith escribió un cálido y sensual tema para el personaje de Sharon Stone, con el que combinaba erotismo y misterio. Como la impresión a transmitir es única, la música no es transformada, sencillamente repetida. Tampoco podría ser considerada música transformada la fanfarria principal de la saga de *Star Wars* y sí, en cambio, otros de sus temas centrales que se transforman durante la acción. La marcha de Indiana Jones que John Williams escribió para *En busca del Arca perdida* (*Raiders of the Lost Ark*. Steven Spielberg, 1981) se repite a lo largo de la película sin que por ello cambie un ápice su significado. Y el tema de James Bond de Monty Norman suena en las distintas películas de la saga en infinidad de versiones y variaciones, sin que tampoco cambie un ápice lo que significa. Son otros ejemplos claros de música repetida y variada, que reafirman una sola impresión fija. Por el contrario, muchas películas conforman un tejido de música transformada sólido, como en *Amarcord*, uno de los filmes más emblemáticos del compositor Nino Rota. Aquí, el tono nostálgico y evocador del tema principal conoce diversas transformaciones, una de ellas especialmente triste cuando es interpretada por un acordeonista ciego, en uno de los momentos más bellos de la película.

La música transformada dinamiza un tema, lo modula y le hace cambiar, pero estos cambios deben tener un sentido concreto al que responder: mostrar que el protagonista está deprimido cuando antes era feliz, y poder hacerlo a través de su música y no de lo que explique el guion literario resulta de una utilidad máxima. Generalmente esas transformaciones suelen venir de variaciones, de temas musicales que cambiando su forma, cambian también su significado (una melodía optimista que pasa a ser pesimista, por ejemplo), pero en algunas ocasiones se consigue con repeticiones. Un ejemplo reciente y brillante lo encontramos en la música de Harry Escott para la polémica película independiente *Shame* (id. Steve McQueen, 2011). En la misma, el protagonista es un hombre heterosexual que vive atrapado en sus obsesiones sexuales, que busca complacerlas sin aparente conflicto consigo mismo. En una de las primeras secuencias, viaja en metro y se fija en una joven que le devuelve las miradas y le sonríe. Ella es, a ojos de él, un posible próximo objetivo con el que satisfacerse. Durante la secuencia, suena un tema musical –que será el principal– que expone en su codigo genético y de modo muy equilibrado una impresión de contenido patetismo (afligido, dolorido, en la forma parecida a un adagio) pero también una clara impresión de victoria, de poder, de triunfo: esa chica va a ser otra de sus muchas conquistas, aunque finalmente renuncie a seguirla cuando ella sale del vagón. Mucho más adelante, cuando el protagonista ha entrado de lleno en una espiral de degradación y catarsis personal, en la que ya ha perdido toda seguridad en sí mismo, vuelve a repetirse este tema en otra secuencia: casi desesperado entra en un local homosexual para buscar poder complacer sus ansias. En el proceso que abarca desde que entra hasta que consigue un amante fugaz, la música se repite idéntica, pero su significado es bien diferente: ya no hay rastro alguno de victoria ni de poder, sólo de patetismo, además mucho más afligido y desesperado. Y es la misma música, pero su significado ya no es el mismo.

¿Cómo puede lograrse que un mismo tema cambie de significado si no cambia de forma? Evidentemente, con la implicación y el concurso del contexto en el que se inserta. Es obvio que para remarcar este proceso de degradación que he explicado en *Shame* es importante, muy importante, haber presentado una escena previa para que luego funcione por comparación y contraste, pues de lo contrario la música no podría ser clara en expresar *la bajada a los infiernos* del protagonista, que es lo que se pretendía, de no haber habido un referente previo donde funcione –siquiera parcialmente– como signo de poder y dominio. Y eso es porque la música acaba magnetizando y magnetizándose de la secuencia en la que se aplica, y es la propia secuencia la que permite resaltar alguno de sus elementos, haciendo prácticamente invisibles los demás. Esa es la razón por la que, por ejemplo, el tema musical de Bernard Herrmann para *Vertigo* sea tan diferente en su significado cuando es aplicado en *The Artist*, lo que ya comenté.

Durante toda la primera parte de *La vita è bella* los dos temas centrales que Nicola Piovani escribió para el personaje de Guido (el de su optimismo y el de su amor por su mujer) varían diversas veces significando siempre lo mismo: *la vida es bella* y *te amo con locura*. Sin embargo, en la segunda parte, donde reaparece con fuerza el contratema del horror, meramente apuntado en la primera parte, esos dos temas se transforma inevitablemente cambiando su significado: *la vida es bella* pasa a significar *hay que sobrevivir a esto* y te amo con locura se cambia por *¿dónde estás, amor mío?* En el epílogo, finiquitado el contratema, recuperan sus significados originales, cuando los temas son heredados por el hijo superviviente. En *Rosemary's Baby* se produce un efecto muy interesante con su tema principal. Este tema, una canción de cuna tatareada por Mia Farrow, se presenta como tema inicial, donde es exactamente eso: una canción de cuna, aunque con un moderado trasfondo siniestro. Más adelante, este tema se materializa en el concepto de maternidad o más específicamente del deseo de maternidad, y vuelve a escucharse, variado, cuando a Rosemary le confirman por teléfono que está embarazada, pero aquí sin carga alguna de malicia, al igual que en el momento en que, tras sentirse muy mal, celebra que la criatura se mueve en su interior, momento que da paso a un montaje de secuencias en el que vemos cómo acondicionan la casa. La música expresa el anhelo de la maternidad, inocente y puro, lo que se reitera en un sueño en el que ella tiene a su hijo en brazos. Durante toda la película, y antes de llegar a las secuencias finales, este tema ha compartido espacio con una serie de músicas, todas ellas secundarias excepto en el caso de un breve motivo referencial, encaminadas a resaltar la amenaza del Mal, lo que por pura comparación ensalzan aún más la bondad representada por el tema de la maternidad. Pero cuando Rosemary ha huido de su casa al sospechar que le quieren robar a su hijo en cuanto nazca, y acude por ello a buscar la ayuda de su antiguo ginecólogo, el tema vuelve a sonar cuando se la llevan en coche de regreso a casa. Aquí se transforma claramente y ya no significa lo que antes sino que expresa la maternidad amenazada, y además bastante turbadoramente. En la escena final, una vez Rosemary acepta ser la madre del hijo de Satanás, el tema pasa a ser tema final, acompañando los créditos, y es exactamente el mismo tema que sonó como tema inicial (respecto al que se repite), pero su significado es muy diferente: allá donde evocaba la maternidad, aquí se cierra significando la aceptación de esa maternidad. No es lo mismo, y es mucho.

En *Signs* sucede algo parecido: como tema inicial, el tema principal expresa el Mal con toda su fuerza y poderío. Se trata de una música referencial (de los extraterrestres) que en la película ocupa espacios invasiva y hostilmente, siempre variada, hasta que en una estupenda transformación en la escena final se transforma y el motivo principal de ese tema pasa a expresar redención, sanación, en una suerte de conversión religiosa que es pareja a lo que explica el guion literario con respecto al protagonista. Como tema final (que comparado al tema inicial es una variación) ya no representa nada maligno, sino por el contrario reposo y paz. En *Evil Dead* sucede exactamente lo contrario: el tema principal de Roque Baños une a los protagonistas con un espíritu dramático pero esperanzado, reforzado en algunas escenas, pero acaba siendo contaminado por la música diabólica y como tema final se convierte en una danza macabre que representa el triunfo del Infierno.

Otros ejemplos interesantes de movimiento de un tema a lo largo del guion musical los encontramos en la sofisticada *Inception* y en la dramática *La mejor oferta* (*La migliore offerta*. Giuseppe Tornatore, 2013). El tema principal de *Inception* (el tótem, una peonza que se usa para saber si se encuentra en otro sueño o en la realidad) se presenta en forma de código en el tema inicial y crece a lo largo del metraje ampliando su concepto y su presencia, hasta acabar como tema principal vinculado al protagonista, Cobb, representando su sentido de culpa. Pero al final tendrá un significado distinto, pasando de ser la música del remordimiento a la de la esperanza, y con ello se han explicado mucho de las emociones del protagonista. En *La migliore offerta*, por su parte, el tema principal romántico, de Ennio Morricone, comienza dando esperanzas al protagonista pero se va contaminando (a través de la inserción de un fragmento como contratema) y acaba por ser absolutamente desolador, en un memorable final.

Un tema musical, obviamente, puede ser repetido, variado y transformado de manera sucesiva, y en el orden que convenga, pero siempre que haya una transformación y se haya modificado ligera o sustancialmente su significado necesitará de una nueva para recuperar su significado original. Esto forma parte de la arquitectura del guion musical. Por razones obvias, un tema que esté destinado a ser transformado necesitará una mayor implicación con el espectador, para que este no pierda la referencia y, aunque no por ello deba necesariamente ser un tema principal, en principio sí debe disponer de un espacio prioritario con respecto a aquellos temas que no se transfiguren. A veces es tan importante en un guion musical que exige que no haya otra música que interfiera en el proceso, un *terreno despejado* con el que se sacrifican momentos melódicos para beneficiarla. Es lo que sucede en la banda sonora de Maurice Jarre para *Pasaje a la India* (*A Passage to India*. David Lean, 1984). El filme arranca con un tema inicial solemne y enfático, que emula a la vez la fascinación por lo exótico –la India– y el poder y pomposidad de los colonizadores británicos. Este tema genérico se encauzará en un hábil tránsito que le llevará a ser la expresión de las turbulencias mentales y emocionales (también sexuales) de la protagonista, de modo que acabe expresando su inestabilidad y no habrá marcha atrás: en el resto del metraje, esa música estará hablando sólo de ella. En este caso concreto –y por el riesgo asumido– ninguna otra música podía interferir en el proceso y por ello Jarre escribió una partitura tan breve.

Este es el proceso de su evolución en el filme: en los créditos suena el tema inicial, que reaparece cuando Adela, la protagonista, encuentra un templo abandonado con estatuas eróticas. Esta escena supone una inflexión argumental y musical: Adela experimentará sensaciones turbulentas que derivarán en una tragedia nacional (por su culpa, la India se levantará). Sirve para reintroducir el tema, transformado con voces femeninas con un cariz de fascinación truecado por cierto tono sensual, entre erótico y lascivo, aplicado de modo directo en Adela y pierde así su carácter genérico. Desde ese momento, sus reapariciones harán directa referencia a su estado mental. Cuando Adela no puede conciliar el sueño el tema vuelve a ser transformado incidiendo en el impacto de su experiencia en el templo, indicando que su mente aúna excitación e inestabilidad.

La música está tan orientada a reflejar su evolución psicológica que cualquier otra —salvo la diegética— distraería la atención y menguaría su eficacia. En el instante en que emprende el tramo final para llegar a las cuevas, vuelve a aplicarse —esta vez únicamente variado— remarcando la relación entre su turbación con la llegada al lugar donde se va a producir la catársis. Por tanto, la música está conduciendo al personaje al punto de origen del drama. Si se hubiese insertado música anteriormente, la dispersidad hubiese alterado la percepción global. Volverá a ser empleado cuando Adela es llamada a declarar en juicio: la inserción de un fragmento derivado que evidencia su confusión mental y plasma su miedo a enfrentarse a la verdad. Resuelto el drama, sí hay espacio para otra música, que puede campar a sus anchas porque no interfiere en la evolución del tema principal.

Pero naturalmente en la mayor parte de las ocasiones un tema transformado puede compartir espacio con otras músicas que también se transforman, o que no lo hacen, dependiendo de lo que esté previsto en el guion musical de la película.

5.2. Bandas sonoras sin estructura temática

Las bandas sonoras cuyo discurso se sustancia en la diferenciación jerárquica de distintos temas y en su puesta en orden lógico responden a necesidades narrativas de la película cubiertas por la música, en mayor o menor grado. Sin embargo, puede ser factible que no exista esa construcción en una banda sonora, que no haya temas más importantes que otros ni se pretenda concrecciones narrativas. Y no por ello la música deja de ser menos importante.

La música en varias de las películas de Woody Allen o Quentin Tarantino es un elemento consustancial a ellas, pero ninguna de sus bandas sonoras son narrativas sino cromáticas, ambientales y en todo caso resuelven escenas concretas, las hacen más comprensibles, más animadas, más divertidas o más dramáticas, pero no son músicas que tengan responsabilidades narrativas globalmente, más allá de lo secuencial. Es algo absolutamente lícito. En el caso de Woody Allen suele haber una cierta homogeneidad en el tipo de música que aplica en sus películas (sea jazz, sea clásica), en tanto que en Tarantino hay una mayor heterogeneidad estilística, pero el director sabe entrelazarla de modo que conformen algo sólido y no disperso.

Hay filmes que no necesitan música narrativa y directores que recurren a ella sólo cuando los filmes la necesitan: Tarantino o Allen no lo han hecho de momento, pero Martin Scorsese o Francis Ford Coppola, por ejemplo, lo han alternado, en función de sus películas: hay discurso musical en *La edad de la inocencia* (*The Age of Innocence*. Martin Scorsese. 1993) pero no en *Uno de los nuestros* (*Godfellas,* 1990); lo hay en *The Godfather* y no existe en *Tucker, un hombre y su sueño* (*Tucker: the Man and His Dream*, 1988), por citar un par de ejemplos de ambos directores.

Una banda sonora no estructurada puede responder a fines estéticos, incluso aunque las decisiones sean inadecuadas o lastren el discurrir de la película. Pero por el mero hecho de ser aplicada en la película, la música responde a una determinada necesidad, por básica que sea. El problema, en todo caso, es que la película necesite una mayor aclaración y la música no pueda cumplimentar eso. También pasa, y suele ser por las malas decisiones de los directores o por imposiciones externas, que tanto sufren muchos compositores.

En todo caso, hay ocasiones en que la película necesita evitar el orden que proporciona una música temáticamente estructurada precisamente por el orden que esta proporciona. Y necesita evitarla para formar un discurso narrativo propio, el del desorden y el desconcierto. *Planet of the Apes* es uno de los ejemplos más brillantes. En la música de Jerry Goldsmith es imposible determinar el tema principal o los temas centrales porque sencillamente no existen. Toda la música navega en una misma dirección y con una gran unidad de criterio estilístico: música atonal, primaria, agreste, ancestral, arcaica... la de un espacio deshumanizado, hostil, claustrofóbico (en espacios abiertos) y sin referente alguno al que el espectador pueda agarrarse para encontrar respuestas y explicaciones. La música contribuye al caos y no al orden, con una música sin referentes reconocibles. De entrada, ciertas percusiones generan la idea de sonido primitivo que sugiere el génesis del Universo y de la vida, y aparecen sin orden, cada uno con su ritmo. Goldsmith desarrolla la idea de espacio desconocido e inhóspito con una música bruta, tosca, salvaje, que transmite una sensación de desasosiego y angustia ante lo extraño. Es música de otro mundo, aplastante, opresiva, en la que sólo se utilizan ligeras referencias melódicas que pasan desapercibidas en esa suma de elementos musicales ancestrales, aunque se puede apreciar algún inicio de melodía pero parece lejana, como si cualquier referencia humana quedara lejos en el espacio y tiempo. Hay sin embargo cierta humanización cuando encuentran la primera señal de vida: un planta, unos espantapájaros, agua y, finalmente, seres humanos. A partir de ese momento, todo parece menos abstracto y la música sugiere elementos conocidos balanceándose entre lo abstracto y arcaico y cierta humanización, aunque dependiendo de la situación del protagonista.

Una de las escenas más interesantes es la caza de los hombres por los simios, donde las referencias como los cuernos de caza hacen pensar en un entorno conocido. Se trata de una escena angustiosa, llena de ritmo, que hace pensar en una especie de danza macabra de la muerte. Es caótica en tanto que los diferentes elementos siguen una evolución y ritmos independientes, creando un ballet macabro, opresivo y angustioso. Los elementos musicales de percusión se mezclan con los cuernos de caza y con sonidos guturales que provocan un gran desasosiego. La estrategia del compositor es la de tomar un elemento físico de la película, los cuernos de caza, aunque no aparezcan visualmente referenciados, e introducirlos en la música como elementos musicales que simbolizan la persecución, la caza y la muerte de seres vivos, en este caso, humanos. Se trata pues de un ejemplo de música integrada que consigue crear un sentimiento de angustia y, al mezclar los elementos de caza con la idea de una danza mortal, se convierte en una situación grotesca que contribuye a crear esa desazón.

Finalmente, la escena de la playa culmina toda la estrategia de la banda sonora. En la primera parte de esta escena, cuando el protagonista huye con Nova, las percusiones sumadas a algunos vientos contribuyen a coronar la idea del espacio opresor. Cuando el protagonista descubre que ese espacio era en realidad su tierra, la música desaparece porque desaparece el misterio. El espacio se convierte en familiar y conocido, ya no puede ser agresor. La única amenaza es la propia existencia humana, que acaba condenada a la desaparición, al silencio. Es el silencio con el que se inicia la película y con el que también se cierra. Se vuelve a la nada, porque a ella esta condenada la Humanidad, cuyo destino es la extinción, el vacío, el silencio, la muerte.

Jerry Goldsmith escribió un fenomenal y ejemplar guion musical sin necesidad de recurrir a estructura temática, lo que hubiera sido altamente contraproducente, en tanto el espectador hubiera buscado en músicas concretas respuestas concretas. No las encontró y por ello el espectador quedó mucho más expuesto y desamparado.

Una película como *The Artist* no tiene estructura porque está hecha de la manera como se hacían la mayor parte de las películas en la década de los veinte (cuando las músicas eran interpretadas en directo), y por tanto en forma de una sucesión continua de temas musicales para secuencias concretas. El discurso musical y la implicación de la música en lo narrativo se tomaría su tiempo a lo largo de los años para consolidarse, aunque no pocas películas del cine mudo tenían bandas sonoras estructuradas. En todo caso, la construcción del discurso musical estructurado acabaría por ser el mayoritario y más recurrido, por su gran utilidad. Pero no por ello relegó otras opciones posibles, y no las meramente estéticas o ambientales. Hoy en día es menos frecuente, pero sigue siendo vigente el evitar el orden para fomentar el desorden o simplemente no delegar en la música responsabilidad narrativa.

Hay guiones musicales que juegan la baza de ser aparentemente desestructurados para generar esa sensación de desorden y caos pero están perfectamente ordenados. Un ejemplo reciente y excelente, en la película británica *Diario de un escándalo* (*Notes On a Scandal*. Richard Eyre, 2006), con música de Philip Glass. Aquí, Judi Dench encarna a Barbara, una déspota y solitaria anciana que gobierna a sus alumnos de instituto con mano de hierro, y que vive sola, sin amigos ni confidentes. Su mundo cambia cuando conoce a la nueva profesora de arte, Sheba (Cate Blanchett), con quien entabla amistad y de la que secretamente se enamora. Cuando descubre que mantiene relaciones con un alumno, lo aprovecha para iniciar una brutal y despiadada caza para que su presa abandone marido e hijos y se vaya a vivir con ella.

Esta es una película amarga, con dos protagonistas unidas por un secreto: el chantaje que sufre Sheba se hace cada vez más asfixiante y el poder de Barbara cada vez más demoledor, enfermizo. Philip Glass gestó una música obsesiva, repetitiva, que jugaba con piezas diabólicamente similares, pero a la vez distintas en detalles y funciones expresivas, sin temas centrales reconocibles, que gira sobre sí misma y que al final de la película vuelve al mismo punto de partida. Esta sensación de obsesión, de aparente repetición una vez tras otra homogeneiza la partitura, a la vez que la hace caótica e imprevisible. Y casi toda está dedicada a enfatizar las cambiantes emociones de Barbara, a quien otorga una fuerza considerable, aquella de la que físicamente carece. La música incluso llega a espacios donde su propietaria no está presente, pero haciendo el mismo daño.[33]

Cada manifestación de la música responde a una función expresiva: su frialdad, su enamoramiento, su ira, su odio visceral, su desprecio... hay un tema principal, pero tiene tales transformaciones que parece no existir, al menos como referencia, y la música habla más de destrucción (la que provoca el personaje) que de construcción (de la relación con el otro personaje). Singularmente interesante es la escena final, cuando tras el torbellino todo vuelve a empezar, con una nueva víctima y con la misma indiferencia de la loba hacia su nueva

---

[33] En una escena, Sheba intenta mantener una conversación cotidiana con su marido, y también atender a los problemas sentimentales de su hija adolescente. Pero en ambos momentos, dentro de su propia casa, está sonando invasivamente la música de Barbara, que anula el interés del espectador por cualquiera de las dos conversaciones y expone el peligroso poder que empieza a tener Barbara sobre Sheba.

presa. En ese proceso, la música ha pasado por distintos niveles dramáticos, entre ellos: el gozo (la excitación e ilusión, pero también el saberse controladora del destino de Sheba), la frialdad (Barbara calcula los pasos a dar para dar caza a Sheba), la furia (enloquece porque la víctima no responde a lo que esperaba), e incluso la debilidad (Barbara empieza a verse perdedora). Exceptuando las músicas en diégesis y algún tema incidental, toda la música está en el lado de la inmensa amenaza de Barbara, pero aunque sobre guion literario ella parezca tener buen control sobre sus acciones, el guion musical lo contradice y expone no sólo su enorme maldad sino su descontrol absoluto emocional y también psicológico. Tanto es así que cuando Sheba logra desenmascarar a Barbara, descubriendo su diario, la música, que hasta este momento era la música de su poder, ahora la abandona y se vuelve en su contra, haciendo de Barbara un ser extremadamente débil. [34] Todo ello, dando una permanente impresión de caos e imprevisión con una banda sonora que por otra parte está perfectamente estructurada.

5.3. Las canciones

El uso de canciones en el cine responde usualmente a criterios comerciales, pero también pueden ser aplicadas con intenciones estéticas y dramáticas e incluso –aunque la menor de las veces– narrativas. Me refiero, claro, a canciones en películas que no son del género musical, que se alimentan de ellas y nunca son cuestionadas (pueden ser criticadas si son de dudosa calidad, pero el espectador no cuestiona el que estén).

Entre las bandas sonoras que, no perteneciendo al género del cine musical, se conforman de canciones de aplicación incidental, las hay exquisitas, empleadas adecuadamente y con resultados notables. En algunos casos son pre–existentes, en otros originales o una combinación de ambas. Tom Waits, por ejemplo, fue el autor de una

---

[34] Esa debilidad no durará mucho. Poco después, en un estupendo montaje de escenas paralelas, Bárbara empieza la escritura de un nuevo diario y Sheba regresa a su casa junto con su marido. Ambas escenas se unen por una misma música… optimista para Barbara y claramente dramática para Sheba. Y luego el final, que ya he comentado, donde todo vuelve al punto de inicio. Barbara seguirá siendo una loba en busca de presa y Sheba una de sus víctimas, con heridas por curar.

magnífica banda sonora de canciones para *Corazonada* (*One from the Heart.* Francis Ford Coppola, 1982), muy bien integradas en el contexto argumental y ambiental. En *Pulp Fiction*, las canciones pre-existentes también están perfectamente integradas, como lo están en *Los Commitments* (*The Commitments.* Alan Parker, 1991), en *Buenas noches y buena suerte* (*Good Night, and Good Luck.* George Clooney, 2005), en *Juno* (id. Jason Reitman, 2007), o en *Malcolm X* (id. Spike Lee, 1992) o *El aviador* (*The Aviator.* Martin Scorsese, 2004), aunque en estos casos se combinan con la música original de Terence Blanchard y Howard Shore, respectivamente, que se ocupan de lo dramático en tanto las canciones de lo ambiental, una división de responsabilidades en la película por lo demás bastante recurrida cuando se produce este doble uso.

Lamentablemente, el uso de canciones en las películas se ha convertido, desde hace tiempo, en un gran abuso, ocupando espacios que no les corresponden ni narrativa ni dramáticamente y, lo que es peor, robándoselo a la música original. Son operaciones por lo general comerciales para vender la banda sonora o promocionales para publicitar la propia película. Dañan cosiderablemente el trabajo narrativo del compositor y sólo sirven para permutar intenciones artísticas por las comerciales. Lo comprobamos en el casi sistemático *robo* que se hace en los créditos finales de las películas donde en lugar del tema final que debería concluir el devenir dramático y narrativo del guion musical, se inserta una canción (o varias) que nada tiene que ver, ni siquiera estéticamente, con lo escuchado a lo largo de la película.

Muy distinto es el caso de las canciones que sí se integran con lo que se ha aplicado a lo largo del guion musical, y forman parte inseparable de su discurso narrativo. Una canción llega al espectador de un modo más directo y evidente que un tema instrumental, puesto que el espectador siempre será consciente de su presencia y podrá retener más fácilmente su melodía, lo que allanará el terreno de la misma en sus sucesivas aplicaciones instrumentales, especialmente si va a funcionar como tema central o principal. Dimitri Tiomkin lo hizo fantásticamente bien con su canción *Do Not Forsake Me Oh My Darling*, con la que abría y cerraba *Solo ante el peligro* (*High Noon.* Fred Zinnemann, 1952). Esta balada bella y triste le sirvió de referencia melódica para un uso mucho más dramático en el guion musical, cuando versionada instrumentalmente era aplicada para resaltar la angustia del protagonista. Fue, además, una canción que obtuvo una estupenda acogida comercial, lo que abrió las puertas a nuevas canciones con similar uso, del propio Tiomkin o de otros como Henry Mancini, ejemplo de compositor que sacó máximo provecho de ellas como plataforma para sumergir al espectador en el discurso musical de sus películas: en *Desayuno con diamantes* (*Breakfast at Tiffany's*. Blake Edwards, 1961), en *Días de vino y rosas* (*Days of Wine and Roses*. Blake Edwards, 1962) o en *Dos en la carretera* (*Two For the Road*. Stanley Donen, 1967), cuyos temas principales eran presentados en la forma de canción y luego desarrollados instrumentalmente. También lo hicieron Michel Legrand, Marvin Hamlisch y tantos otros que supieron integrar sus canciones en la esencia de sus músicas. Los años sesenta y setenta fueron muy fructíferos en este modo de aplicación de las canciones y se ha extendido hasta nuestros días, aunque no siempre vinculando esa canción al resto de música instrumental sino funcionando también como una suerte de punto y aparte. En la británica *Alfie* (id. Lewis Gilbert, 1966) sucedió algo peculiar: la música jazzística era de Sonny Rollins, pero en la distribución norteamericana de la película se añadió al final una canción homónima de Burt Bacharach que, por otra parte, resumía muy bien al personaje protagonista. También sirvieron de buenos resúmenes finales canciones como *One More Hour*, de Randy Newman para *Ragtime* o *Burn It Blue*, de Elliot Goldenthal para *Frida*.

El primer plano que ocupa una canción ayuda, por ejemplo, a narrar a través de su letra (y llevar textos del guion literario al musical) aspectos importantes de la película y sus personajes. Se hizo notablemente bien en *Magnolia* a través de la canción *Save Me*, con la que se englobaban a muchos personajes, o incluso con la francesa *Vois sur ton chemin* (de Bruno Coulais) en *Les choristes*.

Las canciones, como es obvio, pueden conformar parte de la estructura musical de una banda sonora y asumir los elementos y características que he explicado en relación a la música (ser originales o pre-existentes, de uso incidental o diegético, integradas, empáticas, ser tema principal o centrales, etc.). No necesariamente son un obstáculo al discurso musical, pero no deberían tampoco ser utilizadas en contra del mismo.

6. El guion musical

Los elementos mencionados en los anteriores capítulos conforman las piezas con las que puede elaborarse un guion musical ordenado y lógico, útil a las necesidades de la película, que facilite su comprensión y que pueda servir de transmisión de emoción y de información.

Hay que entender que una película es la narración de un segmento de la vida de uno y de muchos personajes. Que había un antes que no se explica y que hay un después que no se explicará, salvo que algunos aspectos del pasado o del futuro se relaten dentro de este segmento en flashback o en flashforward, o bien con cosas que los personajes expliquen en guion literario, salvo que el punto de partida sea el mismísimo origen del Universo o que su final sea su aniquilación. Pero si el protagonista del filme se presenta y acaba en el filme con 40 años de edad, los 39 anteriores y todos los siguientes sólo se narrarán en aquello que sea citado dentro de este fragmento de su vida que constituye la película. De su vida y de la de todos los demás personajes que aparezcan.

Esto sucede siempre en los guiones literarios, pero sólo ocasionalmente en los musicales: el discurso narrativo del guion musical parte de cero, donde no hay pasado musical, y se cierra cuando ese segmento escogido para hacer la película concluye, donde ya no habrá futuro musical, abarcando lo que expone la música lo que ocupa desde la primera escena (o créditos iniciales) hasta la última (o créditos finales). El compositor debe así hacer un todo de lo que únicamente es un fragmento de la vida de uno o varios personajes, salvo que ese pasado o futuro esté dentro de la película y la música viaje a esos espacios de tiempo, como por ejemplo en *C'era una volta il west*, donde el punto de partida argumental de la música compartida por Frank y Armónica está en un suceso del pasado que se explica en un flashback, o salvo que no se aplique en el nivel espacial de las referencias, y esas referencias hagan mención a aspectos de ese pasado o futuro que el espectador comprenda. También, claro, si en el final del filme el compositor vuelve al punto de partida inicial, cíclicamente, como sucede en *Taxi Driver* o en *Notes On a Scandal*. Pero si en una primera secuencia vemos a un hombre saliendo de la cárcel el espectador ya sabe que ese personaje tiene un pasado, que se explicará o no en el fragmento de su vida escogido para hacer la película. Pero la música no tiene pasado. Y si al final de la película los protagonistas se casan, sabemos que sus vidas continuarán, pero la música no irá más allá del espacio del filme, aunque pueda dar alguna indicación muy genérica.

Por tanto, el compositor debe convertir un fragmento de la vida en lo más parecido a una vida completa, que comienza y acaba con la película. Por ello, el primer e imprescindible paso es conocer bien ese fragmento de vida que narra la película, saber qué es lo que cuenta, en qué aspectos se focaliza y en cuáles se muestra más tangencial. Considerar o no considerar el pasado y el futuro no narrado, etc. Es importante entender y asumir que es mejor que la música elija qué es lo que debe ser destacado y desarrollado y a la vez discrimine aquello que pueda ser menos importante, porque pretender abarcarlo absolutamente todo es la forma más fácil que se produzca un resultado confuso o saturado. Por tanto, la primera consideración a tener en cuenta sería la cantidad de música que va a ser necesitada.

6.1. ¿Cuánta música?

«*No hay nada más engorroso para el público que una música que no es bienvenida, por no necesaria, o que es empleada tan frecuentemente que, cuando es realmente necesaria, ni siquiera es escuchada*».[35]

John Morris

Morris justificó así la escasa cantidad de música de *The Elephant Man* y vale también para explicar la poca duración de su banda sonora para *Young Frankenstein*. Ambas, sin embargo, son impecables ejemplos de buena música cinematográfica. En sentido

---

[35] "Nothing annoys more than music that is used so often that when it is really needed the audience no longer hears it" LP «The Elephant Man» (Pacific Arts, PAC 8.143, 1980).

contrario, Morris había escrito una extensa, variada y prolija banda sonora para *La última locura de Mel Brooks* (*Silent Movie*. Mel Brooks, 1976), que asimismo es una creación ejemplar. ¿Qué es, pues, lo que determina cuánta extensión debe tener una banda sonora cinematográfica? La respuesta más acertada es también la más obvia: tanta como necesite la película. Así, desde el no poner ni una nota hasta llenarla de ella hay un amplio espectro en el que, en todo caso, lo verdaderamente condicionante será que la música tenga su razón de ser y esté justificada.[36] Hay películas que necesitan muy poca música, o ni siquiera la necesitan; otras, en cambio, sólo pueden edificarse si son acompañadas por mucha. Una de las razones es la predominancia de los diálogos, aunque a veces conviene acompasarlos con música y en otras ocasiones diálogo y música se interfieren de modo incómodo. Además, en películas como *Una mujer bajo la influencia* (*A Woman Under the Influence*. John Cassavetes, 1974), o *Interiores* (*Interiors*. Woody Allen, 1978), los silencios son tan importantes como las palabras, y la música podría interferir en esos silencios. En el lado opuesto, el cine de Federico Fellini, el de Akira Kurosawa o el de Luchino Visconti es muy visual, en el que la palabra es importante, pero la imagen lo es aún más. Sus escenografías y vestuarios tan vistosos contribuyen a un espectáculo en el que la música ayuda con creces. Eso no significa que directores como Buñuel, Bergman, Cassavetes no la hayan utilizado en uno u otro momento, porque sí han contado con ella, aunque sea mayoritariamente preexistente. *Viridiana* (Luis Buñuel, 1959), por ejemplo, tiene algunas de mejores sus secuencias acompañadas de música, y precisamente en un filme de Ingmar Bergman, *Gritos y susurros* (*Viskningar och rop*. 1973), encontramos un sobresaliente empleo de música.[37]

---

[36] Si se trata de música incidental, como ya vimos, pues la diegética es una música que se justifica por sí misma.

[37] Este filme narra la historia de dos hermanas infelizmente casadas que cuidan a otra hermana, enferma. No hay música original, sino piezas de Mozart y de Bach de aplicación diegética. La atención que las dos hermanas prestan sobre la enferma hace que, entre ellas, prácticamente no exista otro intercambio de palabras que el rutinario. Cuando la enferma fallece, una se aproxima a la otra y le suplica que la relación entre ambas vuelva a ser como era cuando niñas, que cese la incomunicación, que se vuelvan a abrazar, besar, explicar cosas, etc. Y lo pide tan insistentemente como persistente es el rechazo de la otra. Y eso se mantiene así hasta que la reticente rompe su barrera y se abraza a la otra, con intensidad. Ambas comienzan a besarse, acariciarse... y hablar lo que durante años han callado... ¡pero justo entonces no se

Nada hay peor que una música innecesaria, y entre las virtudes de todo buen compositor debe estar el saber contenerse, porque en principio sería preferible que una escena esté sin música que la que tenga sea prescindible. El insigne compositor Jerry Fielding aseguró que «*no hay necesidad de poner música en una película, salvo que se quiera subrayar, enfatizar o desenfatizar, dar mayor peso, embellecer o conseguir lo que el filme no puede hacer por sí mismo*».[38] Pero a veces no puede evitarse, y casi siempre es por imposiciones externas. Bastantes de las películas del Hollywood de los 40 son un buen ejemplo, como explicó el compositor Hugo Friedhofer: «*todos los grandes estudios tenían grandes orquestas bajo contrato y debían utilizarlas. Así que el compositor se veía forzado a escribir una música más amplia e intensa de lo que quería*».[39] La excesiva abundancia de música cuando no es necesaria perjudica la que sí lo es, por un efecto de saturación o incluso por la confusión que puede provocar, del mismo modo que una partitura excesivamente breve para una película que necesite mayor cantidad no satisfará las necesidades del filme y lo hará menos aclaratorio. Hay ejemplos para todo: *Patton* (id. Franklin J. Schaffner, 1970), con música de Jerry Goldsmith tiene muy poca música (poco más de 30 minutos para un filme de más de tres horas), pero la que hay está perfectamente justificada; en el extremo opuesto, la extensa saga iniciada en *The Lord of the Rings: The Fellowship of the Ring*, tiene abundante y adecuada música de Howard Shore. En definitiva, hay que atender a las necesidades de cada filme para saber si necesita más o menos música o para valorar si se ha sido excesivo o parco. Quizá, la

---

oyen sus palabras!. En su lugar, lo que suena es música. Y es que poco importa lo que se digan... se lo dicen y eso es lo bello. Tampoco importa qué música suena en ese momento (una pieza de Bach). Lo que cuenta es que, en el momento más esencial... la música es la que ocupa el lugar de la palabra. Por tanto, en esta bellísima película sólo hay una escena con música incidental, pero con ella el filme ya tiene suficiente.

[38] "There's no need to put music in picture unless you have some reason to say something or you feel the need for underlining or emphazising, de–emphazising or weighing (…) or doing what the film is failing to do, or can't do on its own" Karlin, F.: «Listen to the Movies» (Schirmer Books, 1994). P. 11

[39] "All the big studios has big orchestras under contract. And they had to utilize them. So the composer was forced to write more expansively and extensively that he might have liked" ibid. P. 75. Esta política de los estudios hollywoodienses supuso un verdadero tormento para muchos compositores, a quienes se obligaba a producir largas partituras.

respuesta más adecuada a la pregunta *¿Cuánta música necesita una película?* sea la de *cuanta menos, mejor*. Claro que, *cuanta menos* puede suponer el 80% o más del espacio de la película.

6.2. ¿Qué música?

Hay que concretar el estilo o estilos a ser empleados, para la definición estética y dramática de la película. El cine ha sido permeable a todos, desde los tradicionales a los experimentales, incluso a fusiones y a la coexistencia de varios en una sola película. Y aunque la tolerancia es amplia, no es menos cierto que algunos tienen sus límites. La historia de la música en el cine ha sido, en realidad, un proceso selectivo en el que el único condicionante siempre ha sido la adecuación a las necesidades de la película. Partiendo de esta premisa, la decisión del estilo o estilos puede ser condicionada o no. Será condicionada cuando la opción se tome en base a razones geográficas, históricas o argumentales, y voluntaria si lo es al margen de esos criterios. Es decir, que si una película transcurre en el siglo XVIII la música elegida podría ser barroca si se pretende que la partitura ambiente la época, pero la aplicación de música barroca no es obligatoria *per se*: en muchos casos se ha empleado música contemporánea en películas históricas.

El primero de los criterios condicionantes es el geográfico o localista: la música es la del lugar donde transcurre la acción. *Zorba el griego* (*Alexis Zorba*. Michael Caccoyannis, 1964), con partitura de Mikis Theodorakis, tiene la lógica música helénica porque la película transcurre en Grecia; como hay músicas indias firmadas por Ravi Shankar en *Gandhi* y Mychael Danna en *Life of Pi*, o mexicana en *Frida* (id. Julie Taymor, 2002) con banda sonora a cargo de Elliot Goldenthal. Los criterios geográficos de la música y la música étnica en general son bastante determinantes, pues no tienen demasiado sentido aplicados fuera de su contexto. Pero no por ello este criterio es exclusivista, ya que esa música puede ser compatible con otros estilos, especialmente si lo que se pretende es trascender lo localista. Puede prescindirse del condicionante geográfico y no incorporar música localista: no por transcurrir en Japón debe sonar música nipona. Es entonces cuando el criterio de elección no es condicionado.

Algo similar sucede con el segundo de los criterios condicionantes, el histórico. Con el mismo se pretende dotar al filme de una música adecuada a la época en la que transcurre la acción. Así, una película medieval llevaría música medieval o una que se ambientase en los locos años veinte podría estar llena del fox–trot, jazz, etc. Sin embargo, el cine da licencia para la invención, si no se tienen datos precisos de la música del período o si no existe ese período, al ser ficticio. Recuérdese las invenciones musicales en *Ben-Hur*, con música de Miklós Rózsa, *Planet of the Apes*, con partitura de Jerry Goldsmith, o *Blade Runner* (id. Ridley Scott, 1982), cuya banda sonora es de Vangelis. En estos casos se hizo una clara apuesta: escribir una música que el espectador identificase como la propia del período que se narra en el filme, lo que resulta más fácil en películas futuristas, dada la inexistencia de referentes, pero que en aquellos supuestos en los que sí existen, aunque sean mínimos, también resulta válido si ayuda a ubicarse. Pero la precisión histórica no es un imperativo; bien al contrario, podría llegar a ser un lastre por la textura de determinadas músicas pero especialmente por sus posibles dificultades expresivas o emotivas. La anacronía no es una falta grave, al menos si se tiene presente que el cine, en sí, juega la baza de la *irrealidad* para presentar una realidad ficticia. La banda sonora de *El evangelio según San Mateo* (*Il vangelo seccondo Matteo*. Pier Paolo Pasolini, 1966), es absoluta y descaradamente anacrónica: se sustenta en música original de Luis Bacalov y preexistente de Bach. ¿Cuáles fueron los criterios que primaron? ¿Los del rigor histórico o los religiosos? De haber fomentado los históricos, estaríamos ante una banda sonora adecuada a su tiempo, pero sin la fuerza dramática y evocativa que sí se logró con la música de Bach, escrita un buen puñado de siglos después de la época de Jesucristo y basada en ese mismo Evangelio. Igual sucedió con la versión que dirigió Franco Zeffirelli de *Romeo & Juliet*. Nino Rota edificó una apabullante banda sonora en la que recurrió a instrumentación de la época pero aplicada en melodías contemporáneas. Eso ayudó a sintonizar con el público joven del momento, sin hacer por ello concesiones a lo comercial. E incluso en *Braveheart*, en la que las referencias históricas en la música de James Horner fueron sólo el punto de partida para la construcción de una música del siglo XX. Si Rota o Horner hubieran optado por el rigor histórico de sus músicas, las películas no hubiesen tenido la misma aceptación.[40] Puede también prescindirse por completo del condicionante histórico y no incorporar música de época. En otras palabras: no por transcurrir en los sesenta debe sonar música de esos años. Es entonces cuando el criterio de elección no es condicionado. En *Carros de fuego* (*Chariots of Fire*. Hugh Hudson, 1981), película que acontece en los años veinte, no hay música de la época. Por el contrario, Vangelis trabajó con música electrónica.

El tercer criterio condicionante es el argumental, que va más allá de lo geográfico o histórico (si bien estos dos están naturalmente relacionados con lo argumental). Me refiero a este cuando alguno o algunos de los personajes de la película mantienen relación con un género musical. Por ejemplo, si son músicos o si gustan de escuchar esa música. El jazz está presente en *The Man with the Golden Arm* porque el protagonista toca esa música; el *Concierto para Mandolina* de Vivaldi protagoniza parte de la banda sonora de *La mariée était en noir* porque la protagonista lo escucha.

Cuando se opta por una aplicación no condicionada de la música, son muchas las posibilidades. Sin embargo, algunos estilos presentan más limitaciones cinematográficas que otros. Pero antes es necesario hablar de la melodía, prácticamente desterrada en la música contemporánea, pero que sigue conservando su vigencia en el cine. No corresponde aquí explicar el por qué se considera superada o agotada en la creación compositiva actual, pero sí es necesario reseñar que el cine sigue necesitándola. Tal ha sido su importancia que, ya en los cuarenta, el compositor Hanns Eisler se quejaba de que «*la exigencia de lo melodioso a cualquier precio y en cualquier ocasión ha frenado más que cualquier otra cosa la evolución de la música en el cine*».[41] Eisler se refería a un cierto estancamiento en los modos y formas, pero lo cierto es que el cine ha sido muy tolerante con cualquier otro modo y forma que no sea el melódico, y que lo no melódico ha funcionado también estupendamente. Eso sí, hay que tener presente la relativa inevitabilidad de lo melódico: son muchos

---

[40] Es una cuestión de prioridades: ¿interesa más el contexto histórico o la esencia del relato? Muchas películas de época relatan, en realidad, temas universales, por lo que la música puede prescindir de esos criterios.

[41] "More than anything else the demand for melody at any cost and on every occasion has throttled the development of motion–picture" Adorno, T. y Eisler, H., Op.cit. P. 8–9.

más los estilos musicales que aprovechan la melodía que no los que la descartan. Y, además, es un arma emocional de gran calibre: en una melodía es más fácil condensar los elementos básicos de un personaje o concepto y así poder transmitirlos con mayor eficiencia, haciendo que esos elementos sean comprensibles y asumibles. Otra razón importante que ha justificado su frecuente presencia en el cine, más allá de lo artístico, es la comercial, y en este punto me atrevería a variar la frase de Eisler y decir que: «*las exigencias comerciales a cualquier precio y en cualquier ocasión han frenado más que cualquier otra cosa la evolución de la música en el cine*», lo cual no significa, ni debe significar, que lo comercial esté reñido con la calidad, o que una música *comercial* no pueda situarse en su máximo punto de *utilidad* en su aplicación cinematográfica, naturalmente. Pero como afortunadamente el cine da cabida a todo, también la música no melódica ha encontrado su espacio para desarrollarse en el cine, en solitario o en combinación con lo melódico.

La música sinfónica reina en el cine. Y lo hace tanto por ser la más recurrida como por su polivalencia: tanto puede ser empleada en el drama como en la acción, el terror, el western, lo histórico, lo romántico... se adecúa a cualquier género. La música sinfónica –debería precisar más y decir *las* músicas sinfónicas– aderezan lo espectacular, intensifican las emociones, solemnizan lo visual y, lo que es más importante, llegan con facilidad a los espectadores. Así, desde el sinfonismo clásico de Korngold o de Prokofiev hasta el más contemporáneo de James Newton Howard o Hans Zimmer ha pasado entera la historia del cine sonoro. Han cambiado quizás las formas, pero las intenciones siguen siendo las mismas, o al menos similares. Las partituras con poderío orquestal han beneficiado en incontables ocasiones las películas en las que se ha aplicado: pueden llegar a hacer más grandes, más fuertes o más intensas aquellas imágenes que se pretenden –o son– grandes, fuertes o intensas, pero también enfatizan emociones concretas de los personajes o de las situaciones que plantee una secuencia. Su campo de acción es tan amplio que su empleo en el cine ha acabado siendo estático, poco evolutivo, al menos en comparación con otros estilos. Pueden haber cambiado las formas, pero sus intenciones han sido ya explotadas. La música sinfónica no es, en absoluto, la máxima cota que puede alcanzar una partitura: en otras palabras, no por ser sinfónica es mejor, ni en términos musicales ni por supuesto en los cinematográficos. De hecho, no en pocas ocasiones algunos se escudan en ella para hacer menos evidentes sus limitaciones como creadores.[42] Pero lo cierto es que ha sido, es y seguirá siendo una buena herramienta de actuación, aunque obviamente funcionen y muy bien muchos otros estilos, dependiendo de las circunstancias: el jazz –que sí ha evolucionado en su aplicación intencional a lo largo de la historia del cine– el pop, el rock, la música electrónica, el *new age*, la experimental, o tantas otras que, en algún momento, han resultado de utilidad. Lo que importa es encontrar el tipo de música que de adecúe a las situaciones o personajes y que se equilibre con la película.

6.3. ¿Para qué y para quién?

No conviene sobresaturar una película con música si esta no es realmente necesaria, y muchas veces *menos es más,* un exceso puede menguar la eficacia dramática o comunicativa de aquella música que es importante. El compositor y el director deben tener claro que no todos los personajes o situaciones (por relevantes que sean) pueden ser definidos musicalmente, si el número de estos personajes o situaciones es elevado. Hay que elegir qué es lo que entra y qué es lo que se descarta, especialmente en lo referente a temas centrales, reduciéndolo a lo básico o dejádolo sin música porque, salvo que se trate de una película con muy pocos personajes, la sobresaturación de temas centrales provocará inevitablemente asfixia. Un ejemplo estupendo de guion musical con personajes *sacrificados* de musica lo hemos visto en *Taxi Driver*, donde el duelo tema/contratema de Jekyll/Hyde dejó al margen de cualquier consideración musical a los demás personajes, y también en *A Passage to India*, en la que el objetivo de meter la música en la turbulenta mente de la protagonista conllevó dejar en silencio escenas tentadoras. Asimismo sucede en *Atonement*, donde hay una historia de amor de dos amantes que en la primera parte de la película no tienen música en tanto todo el espacio está ocupado por la música de la niña que provoca su tragedia. Tanto

---

[42] Hay tendencia a primar partituras sinfónicas que resultan excesivas. Cierto es que los criterios comerciales condicionan, y la música sinfónica se ha convertido en comercial, pero no lo es menos que las limitaciones se evidencian con mayor facilidad ante formaciones pequeñas (de cámara, cuartetos, etc.), pues no pocos defectos se han escondido entre los apabullantes sonidos de una orquesta de 70 u 80 músicos.

es así que no será hasta más adelante, cuando se hayan alejado de ella, que podrán gozar de música propia. Cuanto más selectivo se sea en la atribución de temas centrales más se les facilitará el camino a través del guion musical de la película.

Cuando por toda indicación un director le pide al compositor que le escriba una música "romántica" o una música "dramática", en realidad no le está dando ninguna indicación útil. Tampoco es muy preciso (aunque el director crea que lo está siendo) si le pide una música "romántica alegre" o una música "dramática trágica", si con esas indicaciones cree que le ha explicado todo lo que necesita. Una música romántica o dramática puede dar lugar a cientos de músicas románticas y dramáticas, todas ellas muy diferentes entre sí. Y una música alegre o una música trágica reduce algo el campo de acción... a docenas de opciones posibles. Todo ello suele acabar provocando que un compositor tenga que reescribir una y otra vez un tema musical y que el director tenga una y otra vez que pedirle que lo reescriba, hasta dar con la idea que tiene en cabeza. Cuando así sucede, no es por falta de talento del compositor sino por la pésima manera en que se ha explicado el director, que quizás sepa lo que quiere pero no sabe cómo transmitirlo al compositor.

Por ello, lo mejor es no dejar que un director hable de música sino de códigos genéticos de la música; o planteárselos directamente como tales. Los códigos genéticos como despiece de los elementos que conforman el ADN de un tema musical, de lo que ya he hablado pero sobre lo que ahora insistiré. En un tema romántico, por ejemplo, pueden ser incluidos elementos tales como el optimismo, la inocencia, la intensidad, alegría y el afán por vivir, cierto toque de inmadurez e incluso la simplicidad, y nos daría por resultado un tema romántico juvenil. En otro tema romántico podríamos incluir la bondad, la calma, un moderado toque melancólico y un punto de dignidad, y tendríamos un tema adecuado para dos personas maduras o ancianas que se aman. El primer tema tiene en su ADN un código genético con siete elementos (optimismo, inocencia, intensidad, alegría, afán, inmadurez y simplicidad) y en el segundo cuatro (bondad, calma, melancolía y dignidad). No todos los elementos que conforman el código genético han de tener las mismas proporciones, ya que el tema musical así entendido es como un cóctel, con distintos ingredientes, cada uno en su adecuada proporción, pero todos ellos presentes y, aplicados sobre el objeto de interés (una escena o un personaje) se resaltan todos los componentes que lo conforman, en sus debidas proporciones, y llegan al espectador en forma de información clara. ¿No sería más fácil comunicarle al compositor qué elementos conforman el cóctel que quiere saborear y no pedirle simplemente que le haga un cóctel?

Cuanto más detallado sea el código genético de un tema musical más fácil será para un compositor transformarlo en música. Y si el director no es capaz de establecer la lista de esos elementos, que entonces sea el compositor quien se lo proponga, pero especialmente en el medio audiovisual esos códigos deben estar bien establecidos o al final la música será poco sólida y sí gaseosa: no es lo mismo escribir música para un paisaje bonito si sólo se pretende hacer más bonito ese paisaje que escribir música para explicar un personaje. Por esa razón, cuando la música tiene pretensiones explicativas, debe ser integrada, y si es integrada debe tener establecido un código genético cuyos elementos, conjuntamente, expliquen a ese personaje. Cada uno de esos elementos, y es importante remarcarlo, acaban resaltándose cuando son aplicados, y la información y emoción que llevan se transmite al espectador.

Según cómo estén combinados esos elementos y las proporciones que tengan en el tema, darán unos resultados concretos. En el tema de amor maduro, por ejemplo (cuyos ingredientes eran la bondad, la calma, un moderado toque melancólico y un punto de dignidad) se puede focalizar más sobre la bondad si a este ingrediente se le da una mayor proporción en el cóctel, pero el resto de elementos permanecerán, aunque en segundo plano, y como resultado tendremos un tema que nos hablará ante todo de la bondad de los protagonistas, que añoran, están tranquilos y mantienen su entereza. Si lo que se prioriza es la melancolía, estaremos ante una pareja de amantes condicionados por cierta aflicción, pero en la que se resalta su bondad, etc. Todo esto hace que pedirle a un compositor que escriba una música "romántica" o incluso una música "romántica alegre" sea como no haberle pedido nada.

Al principio del libro hablaba de ajedrez y del adecuado movimiento de sus fichas. Esto es lo que supone la escritura del guion musical, pero también la creación de un tema musical, siendo las fichas de la partida los distintos elementos que conforman el código genético. Un tema musical que combine por ejemplo tristeza y esperanza en proporciones similares suele producir resultados muy interesantes: el elemento melancólico hace que en cierta manera la música camine hacia atrás, en tanto que el elemento optimista ayuda a que el tema se mueva hacia delante, que progrese. Esta combinación genera inevitablemente una expectativa y ayuda a que el espectador confíe en la música, pues esperará la resolución musical y emocional que tenga que llegar. Esta aparente contradicción entre el movimiento hacia atrás y al mismo tiempo hacia adelante evita que los espectadores se acomoden fácilmente en la música y esperen algún tipo de resolución que les libere de la incomodidad moderada generada por la melancolía. Dolor (controlado) + Esperanza (de manera más abierta) es una buena fórmula matemática. Y con ello pueden explicarse de manera muy clara sentimientos de personajes. ¿No es más práctico planteárselo así al compositor (o el compositor al director) que simplemente hablar de un "tema romántico"? Además, en los supuestos de temas con códigos genéticos bien determinados, bastará con hacer algunas alteraciones en las proporciones para lograr así transformaciones, y no meras variaciones, de tal modo que sean perfectamente comprensibles, por ejemplo si aumentamos la carga de dolor y reducimos la de esperanza ya estaremos dando una buena indicación de cómo evoluciona el tema y lo que significa.

Para muchos, el tema principal de *The Fall of the Roman Empire*, con bellísima música de Dimitri Tiomkin, sería un *tema romántico*, pero siéndolo es muchísimo más que eso si se observa cuál es su código genético, su ADN. Tiomkin lo presentó como tema inicial y en el mismo se condensa la esencia dramática de todo el filme: un tema sencillo, romántico, de intensidad creciente, adornado con un instrumento poderoso como el órgano y otro delicado como la cítara. Ese tema expone sustancialmente dos elementos: en primer lugar, y más destacado, un tono de cuidada tristeza que evoca el amor de los dos protagonistas, condenados a lo fatídico por el entorno hostil; en segundo lugar, y en menor medida, la solemnidad de un período histórico concreto, que enfatiza la idea de un imperio que se derrumba. Hay amargura pero también esperanza en la parte romántica, mientras que en la otra todo es crepuscular, pesimista. En esta contradicción el amor acaba imponiéndose claramente al final, lo que refuerza mucho su significado y además avanza lo que habrá de suceder en la película. Es algo que se logra cuando el tema tiene bien determinado y proporcionado su codigo genético. Algo parecido es lo que se puede encontrar en el bellísimo tema principal de *El diario de Ana Frank* (*The Diary of Anne Frank*. George Stevens, 1959), de Alfred Newman, que resalta la inocencia de la protagonista y la sencillez de su personalidad, contrastada con la crueldad del mundo en el que le ha tocado vivir, pero en realidad este no es un tema aplicado tanto para reflejar una situación de presente como para hacer una evocación del pasado feliz, de la esperanza del futuro y, sobre todo, de la gran dignidad de la muchacha en particular y de la familia Frank en general. Por tanto, este tema sale de la suma de amor inocente + dignidad + dolor, y el resultado es perfecto. En el no menos maravilloso tema principal de Georges Delerue para *Agnes de Dios* (*Agnes of God*. Norman Jewison, 1985) se suma espiritualidad + paz interior + aflicción + esperanza, y como resultado la música, que siempre camina hacia adelante, es la mejor conclusión posible para este filme sobre redenciones. También conclusivo, y particularmente interesante porque experimenta una importante evolución desde su presentación como tema inicial hasta su despedida como tema final, es el tema que Elmer Bernstein escribiera para *Lejos del Cielo* (*Far from Heaven*. Todd Haynes, 2002), una melodía romántica pero no tanto sobre el amor entre dos personas (que también) como sobre el amor por uno mismo, dado que la protagonista es una sufrida mujer de los años cincuenta cuyo mundo idílico se derrumba cuando descubre una infidelidad de su marido y se enamora de un hombre negro. La música suma los conceptos de dolor al amor puro y la necesidad de liberación y da como resultado una música que reviste a la mujer de enorme dignidad. El propio Bernstein había escrito para *Matar un ruiseñor* (*To Kill a Mockingbird*. Alan J. Pakula, 1962) otro tema bien definido en su ADN: el tema presentado como inicial que incluye los conceptos de bondad, de inocencia (infantil), de esperanza y de fragilidad, y con ellos arrancó una película cuyos rasgos dramáticos ya estaban recogidos en ese tema musical.

Por tanto, si se trata de ponerle música a un personaje, el determinar los códigos genéticos de su música es extraordinariamente importante, pero lo mismo vale para conceptos. Y ahora es un buen momento para que te detengas en la lectura de este libro y pienses, seas compositor o director, qué códigos genéticos podría tener la música para: Don Quijote de la Mancha, Hamlet, Napoleón

Bonaparte, Juana de Arco, Winston Churchill, Marie Curie, Abraham Lincoln, Emiliano Zapata, Gandhi… podrás incorporar en algunos de ellos elementos étnicos en sus respectivos ADN (música hispana, francesa, mexicana…), y en otros no tendría mucho sentido. Y podrás explicarlos incorporando aspectos que, aunque sean genéricos, los haga a ellos únicos: no será la misma testarudez la que puedas aplicar a Don Quijote a la que sirva para Napoleón, ni la misma perseverancia será igual en Marie Curie que en Gandhi, porque esos elementos se combinarán con otros y darán un resultado único. Aquello que decidas es aquello que los definirá. Y lo que vale para estos personajes literarios o históricos vale para el personaje del guion literario de la película. Y esto se extiende a conceptos como la guerra, la victoria, la derrota, el triunfo, el fracaso… dótalos de su propio ADN y los harás únicos. Y es por esta razón, insisto, que se debe ser muy selectivo, para no provocar confusión, por lo que no deben ser demasiados los personajes o conceptos agraciados con tal apoyo musical.

En *Lo imposible* (J.A. Bayona, 2012), película que relata los acontecimientos sufridos por una familia tras el tsunami que devastó las costas del sudeste asiático en 2004, el tema principal de Fernando Velázquez no es de personajes, ni siquiera de sentimientos. Es la música de un concepto: la unión, derivado hacia el de reunión. Y a ese concepto, naturalmente, se le ponen sentimientos. Pero ni es un tema de amor ni de angustia, aunque estas emociones sí acaben formando parte de su código genético. Este proceso se inicia en los primeros minutos de la película, en una habilísima maniobra simbólica y metafórica: todos los clientes del hotel cenan tranquilamente de noche, y luego conjuntamente sueltan al Cielo unas lámparas volantes. Es una escena muy armoniosa y apacible, y es en ese momento cuando aparece por vez primera el tema musical que será el principal, que es una melodía que abraza a todos los presentes. Sin embargo, uno de los niños de la familia protagonista advierte que la lámpara que ellos han soltado se desvía y separa del resto: es exactamente lo que les sucederá a ellos… y también lo que va a pasar con esa música, que tras esa plácida noche dejará de ser colectiva para centrarse en la familia y, por tanto, compartida. Tras este punto de partida, el tema principal tiene un largo recorrido narrativo y emocional, y para no obstaculizarlo se reduce a los mínimos las músicas destinadas al entorno y a la devastación, resueltos con varios temas secundarios sin otras pretensiones que las meramente resolutorias de secuencias. Pero ninguno de esos temas secundarios contiene ningún código narrativo, simplemente emotivo. El camino del tema principal queda, pues, completamente despejado.

Veamos también lo que sucede en los filmes de animación *Up* y *How to Train Your Dragon*, a las que ya me he referido anteriormente. Ambas tienen abundante, mucha música, pero toda está sólidamente estructurada y ordenada, de tal manera que los discursos de sus respectivos guiones musicales son claros y diáfanos. En sus niveles dramáticos, la música de *Up* expone el sentido de la aventura, el del amor, el de la inocencia y el de la amenaza, y de entre todos los temas musicales hay tres temas centrales, uno de ellos el principal, y numerosos secundarios.

El tema principal es la pieza clave emocional y narrativa de la historia, un mágico vals que aporta alegría, emoción, nostalgia, tristeza y valor… y que, por tanto, se transforma considerablemente, siendo también intimista y expansivo. Aparece en más de diez ocasiones y nunca suena igual ni significa exactamente lo mismo. En un inicio –se presenta como fragmento derivante hasta llegar a ser tema– expresa el amor entre Carl y su amada Ellie, y es singularmente emotivo en el bello montaje de secuencias que narra su vida en común, hasta que ella muere, donde adquiere numerosos matices (amor, felicidad, también mucho pesar). A partir de ahí, cada vez que piense en ella, cuando mira la casa que han construido juntos, cuando rebusca en sus cosas, cuando mira su álbum de fotos, aparecerá este vals para personificar a su amada en el nivel espacial de las referencias. Pero también se transforma y pasa a ser la música de la aventura, el del deseo de cumplir el sueño de ambos llevando la casa a las cataratas Paraíso, a partir de cuando la casa empieza a volar por la ciudad, donde suena esplendorosamente y es expansivo. En lo sucesivo, el tema se irá transformando bien como referencia melancólica a su mujer, bien como síntoma de que la aventura peligra o bien como evidencia de que las fuerzas por seguir adelante se renuevan. Finalmente, en la escena final, Carl compartirá con el pequeño Russel este tema, a modo de generoso y emotivo regalo. Aunque el niño tiene su propio tema central, que es la música de la inocencia, la niñez, la curiosidad y la ilusión. Es un tema muy sencillo –frente al principal, que sólo lo es en apariencia– y que aparece y desaparece con él, que varía pero nunca se transforma. Tiene, en sus apariciones iniciales, un divertido carácter invasivo, en tanto no sólo Russel incordia al en esos momentos antipático Carl sino que también su música entra en sus espacios, invadiéndolos.

Charles Munz aporta el contratema: se trata de un tema versátil, que se transforma. Aparece en la escena anterior a los créditos, acompañando las imágenes del explorador y su dirigible (*El espíritu de la aventura*) y es también el tema inicial, mientras el niño Carl pasea con su globo evocando a su héroe. Este tema, aquí, es positivo en todos sus aspectos, y tiene la virtud de ser retentivo, de quedar en la memoria del espectador. No volverá a aparecer hasta la mitad del filme, cuando los perros habladores de Munz han capturado a Carl, al niño Russel y al perro Dug, y los llevan a la guarida del viejo explorador. Mientras llegan al dirigible suena la música de Munz diegéticamente (de un gramófono), marcando con ello el territorio en el que se adentran los protagonistas. En esta variación del tema, mantiene un sentido similar, pero cuando Munz se desvela como un ser perverso y maquinador, el tema se quita también la máscara, se transforma radicalmente, y pasa ser un siniestro contratema, amenazante, hostil, y mantendrá ese significado en lo que resta de metraje, siendo especialmente poderoso en la lucha final entre Charles y Carl, que se traslada al terreno musical en forma de batalla tema principal/contratema, hasta que éste desaparezca.[43]

Estos son los tres temas sobre los que se construye el guion musical de *Up*. Hay bastante más música, con temas secundarios, pero ninguno de estos entorpece en nada el caminar de los tres temas: dos de ellos complejos (el principal y el de Munz, llamados a enfrentarse) y uno muy sencillo, dispuesto para el divertimento.

How to Train Your Dragon, también una película de animación, tiene un guion musical que desarrolla tres temas centrales, uno de los cuales queda finalmente anulado por otro, el principal, y abundantes temas secundarios. Y como en *Up*, el tema principal tiene un movimiento determinante en la película. Este tema representa la unión

---

[43] En los títulos de crédito finales, como tema final acompañado de los otros temas centrales, recupera su alegría y sentido de la aventura, lo que no tiene otra lógica que no sea desdramatizarlo y dar un cierre desenfadado, pero argumentalmente no tiene sentido alguno.

entre el joven Hipo y el dragón. Se presenta en forma de fragmento derivante, como código, al principio de la película, acompañando el logotipo de la productora, y se va construyendo y ganando fuerza a medida que la relación entre ambos, de inicial desconfianza, se va haciendo sólida. El tema nace como tal en la escena en que Hipo le lleva un pescado al dragón, que es cuando da comienzo su amistad, y cuanto más se compenetren, más se completará este tema. En el torpe primer vuelo de prueba que emprenden juntos aún no es un tema suficientemente fuerte ni importante, pero es otro paso adelante, hasta llegar al momento donde en ese vuelo deben comportarse como uno para poder sobrevivir, momento en el que el tema alcanza todo su potencial, se expande y se completa. El tema, aquí, alcanza su nivel máximo de plenitud, pero esto sucede a mitad de la película. Dado que volverá a aparecer en más ocasiones, ¿está condenado a mantener ese nivel máximo de plenitud todo el tiempo, incapaz de crecer todavía más? Musicalmente, ha llegado a su límite (esplendoroso) a mitad del filme. ¿Está condenado a no poder superar ese mágico momento?

No, el tema principal tiene otro destino que lo hará, aún, mucho más grande y esplendoroso: absorberá a más personajes en su seno y ocupará el espacio de los otros temas centrales, a los que acaba anulando. La primera víctima es el tema central relacionado con Astrid, la muchacha vikinga. No es este un tema de personaje sino de la emoción que aporta este personaje, que es una emoción romántica. Aparece en la primera escena de la película, cuando ella surge radiante de una explosión provocada por los dragones. Es una vinculación del tema a ella muy materializada y evidente, y genera expectativas en torno a la importancia que tendrá en el desarrollo de la película. La segunda es durante el vuelo romántico de Hipo y Astrid a lomos del dragón. Ella es una invitada a ese vuelo pero no pertenece aún al equipo que forman Hipo y el dragón, por lo que la música habla de su emoción, en el nivel espacial de las emociones del personaje. Pero súbitamente este tema desaparece y es reemplazado por el principal: ahora ella ya está dentro de la magia que generan Hipo y el dragón, es una más. Tras eso, las distintas apariciones de este tema serán claramente menores. En otras palabras, mientras el tema principal sigue creciendo, el central de Astrid irá menguando.

Lo mismo sucede con el tema central de los vikingos, un tema muy sencillo que aparece gran cantidad de veces y que, a pesar de tener gran fuerza musical, es muy básico: es un tema que se aplica al clan de vikingos y a su lucha contra los dragones. Rotundo y contundente siempre, conoce variaciones y se aplicará también sobre Hipo cuando su actitud sea la de un vikingo guerrero o aspirante a guerrero. Pero tras la batalla final, cuando Hipo ha quedado mutilado tras haber vencido al gigantesco dragón y el pueblo entero acude a visitarle, lo que suena esplendoroso es el tema principal y no el tema de los vikingos. Esa música, que inicialmente era de dos, compartida, ahora es de toda la comunidad, colectiva. Ése ha sido otro de los poderes del tema principal.

Hay notables ejemplos de construcción musical en dos películas españolas recientes y de éxito: *El Orfanato* (J.A. Bayona, 2007) y *El cuerpo* (Oriol Paulo, 2012), con músicas de Fernando Velázquez y Sergio Moure de Oteyza. La primera narra la desesperada búsqueda de una mujer cuyo hijo ha desaparecido misteriosamente en la mansión en la que viven, un antiguo orfanato donde ella creció. Cada vez más convencida que su hijo está en el otro lado, el de la muerte, desde donde recibe señales procedentes de otros niños, hace lo indecible por volver a encontrarse con él.

La película, aunque del género del suspense, es sustancialmente una película de amor, del amor inquebrantable de Laura, una madre dispuesta a renunciar a todo (incluso a su propia vida), si con ello consigue reunirse con su hijo desaparecido. El compositor escribió para ello dos temas centrales: el primero, el de la madre (no del personaje sino del concepto de madre, y todo lo que ello comporta); el segundo, más complicado de categorizar, era el tema del espacio de la muerte, del otro lado, más genérico y que servirá para dar señales de aviso (al espectador) sobre lo que está sucediendo en ese otro lado. Hay otros temas, pero todos secundarios.

En una escena previa a los créditos iniciales, donde Laura niña juega con los demás niños en los jardines del orfanato antes de ser avisada que va a ser adoptada, suena el tema que luego será la referencia melódica del *otro lado*, lo que en realidad es un sutil avance de lo que vendrá luego, pues será con todos esos otros niños con los que se reencuentre al final de la película, como veremos. Es la música que evoca una infancia feliz, pero destrozada: todos los niños serán asesinados y se llevan al espacio de la muerte a esa música.

Los títulos de crédito incorporan como tema inicial un fragmento derivado de ese tema y se fusiona con otro fragmento, derivado, del que será el tema de la madre. Y, a partir de ese momento, y en todo el proceso narrativo de la película, ambos temas caminarán en sus respectivas direcciones: el tema del otro lado, muy sufriente y abundantemente transformado, expresará distintos grados de angustia referidos al padecimiento que acontece en ese otro lado, en tanto el tema de la madre, variado pero sólo transformado en la escena final previa al epílogo, será básicamente una música en el nivel espacial de las emociones del personaje y también en el nivel espacial de las referencias. En esa escena final, Laura ha descubierto toda la verdad y decide suicidarse. Despierta en el otro lado, donde su hijo la recibe y donde ella descubre a todos aquellos niños con los que jugaba de pequeña y que le han estado mandando tantas pistas durante la película. Este tema se transforma para alcanzar su máximo grado de alivio y descanso, muy hermoso. Pero evidencia que Laura no pertenece a ese espacio de la muerte, pues es una recién llegada. Uno de los niños, al acercarse a ella y verla, exclama a sus compañeros *"¡es Laura!"* y en ese momento se impone con fuerza el tema de la madre, esplendoroso también. Súbitamente, Laura es dueña de todo el espacio y el mensaje que transmite la transformación y expansión del tema de la madre es que ella acepta su nueva situación y los acepta también a ellos, como su nueva madre. Este momento álgido, máxima expresión del amor, no hubiese podido conseguirse si la definición de los dos temas centrales no hubiese estado bien expresada de buen principio. El tema principal, naturalmente, es el de la madre, que acaba dominando el espacio del otro tema central.

En *El cuerpo*, un thriller en el que un inspector de policía investiga la desaparición del cadáver de una mujer con la colaboración del marido de la difunta, a quien progresivamente va acosando como principal sospechoso, un brillante tema inicial –también será el principal– da comienzo a un notable, hábil y sólidamente estructurado *proceso destructivo* en el que la música se impone a ambientes, situaciones y personajes como una entidad aparte, superior, contraria y poderosa, que existe no tanto para explicar como para obstaculizar, para hacer mucho más difícil el devenir de los personajes. La música no se ubica en el nivel espacial de las emociones (de personajes o espectadores, ni individualmente ni compartido) sino en el de la referencia: es una suerte de personaje con cuya presencia nadie contaba pero que aparece para dificultar, para frenar, para hacerse valer: frente a la debilidad de los personajes, el muro indestructible de una música dura, inflexible, enormemente libre y cruel, capacitada no sólo de imponerse sino de exponer (siempre, en contra de los personajes, a quienes atormenta), sus puntos débiles y flaquezas. Le basta para ello poner en primera línea elementos dramáticos sufrientes, para recordar a aquellos a quienes ataca que son débiles y para debilitarlos aún más. Y todo ello, con un persistente, obsesivo, malvado y maldito motivo, diabólico y perversamente bello que es el gran personaje invisible que acaba por ser –en una exquisita maniobra narrativa– el más tangible y visible. Y para evidenciar ello el compositor inserta un tema fláccido, débil, insignificante (a piano) que pretende ser la referencia sí emocional (melancólica, dolorida), de los personajes. Pero este tema no es más que otra de las trampas que utiliza la música para hacer creer aquello que finalmente no va a ser, y es que no hay escapatoria posible.

6.4. El silencio musical

Decidir qué personajes o qué conceptos van a trasladarse al terreno musical y cuáles no es la manera de focalizar el discurso del guion musical. Como he dicho anteriormente, privar a un personaje de música cuando los demás sí la tienen puede ayudar a debilitarlo (como en *Vertigo*), a restarle importancia para aumentarla en quien sí la lleva (*Taxi Driver*) pero puede también fortalecerlo (como en *El laberinto del Fauno*), dependiendo de cada circunstancia y de lo que se pretenda conseguir.

Al margen de eso, no hay que desconsiderar el poder del silencio musical, que no se refiere únicamente a las partes donde no se inserta música por no ser útil o necesaria, sino especialmente a su ausencia en aquellas donde, a priori, parece necesaria o el espectador espera oirla. Debe ser entendido en el sentido que su ausencia sea algo previamente determinado, como por ejemplo para enfatizar una sensación de vacío, de ausencia. Aaron Copland explicó que «*personalmente, prefiero hacer uso del poder de la música muy espaciado, sólo para los momentos más esenciales. Un compositor sabe cuándo emplear los silencios, y que no poner música a veces resulta más efectivo que ponerla*»[44] en tanto que Nino Rota aseguró que «creo que es mejor que un filme tenga una música mediocre que no que no tenga música. El silencio musical deja insatisfecho al espectador».[45] En cualquier caso, lo cierto es que la falta de música en una secuencia puede hacerla más impactante, bien porque se busque un contraste con la inmediatamente anterior o posterior, en la que ha habido o habrá música, o bien porque sin ella se pueda dejar un tanto atónito al espectador, acostumbrado a escucharla en ese tipo de escenas.

Uno de los ejemplos más conocidos es la persecución de una avioneta fumigadora sobre Cary Grant en *North By Northwest*, fragmento que al quedar huérfano de partitura quintuplicó su efectividad y el director volvió a hacer lo mismo en la secuencia del asesinato en la cocina de *Cortina rasgada* (*Torn Curtain. Alfred Hitchcock,* 1966). Otro caso notable es *Jaws*. Como expliqué, la película se sustenta en el uso del leit-motif del escualo, que se aplica de modo honesto para avisar al espectador de su presencia. En una secuencia, los tres hombres que lo intentan localizar echan carnaza en el mar con la esperanza de que el tiburón de señales de vida. Súbitamente, y sin que la música lo avise, aparece el enorme animal y asusta tanto a los protagonistas como a los espectadores. Inmediatamente después –pero después– reaparece la música. El efecto es impactante, porque coge al espectador desprevenido. Un compositor, pues, debe saber manejar las posibilidades que ofrece la ausencia de música. Y en *How to Train Your Dragon*, por ejemplo, es altamente significativo que la relación del padre con el hijo sea en permanente silencio musical, hasta que el padre se da cuenta que su hijo no es el torpe inútil que pensaba.

---

[44] "Personally, I like to make use of music's power sparingly, saving it for absolutely essential points. A composer knows how to play with silences, knows that to take music out can at times be more effectively than any use of it might be". Thomas, T.: Op. cit. P. 77

[45] Latorre, J.M.: «Nino Rota, la imagen de la música» (Montesinos, 1989). P. 261.

6.5. ¿Cómo, dónde y por qué?

Establecidos los primeros criterios, determinados los códigos genéticos de los temas centrales y hecha la selección de qué es lo que va a trasladarse al guion musical y a qué se renuncia, es momento de poner orden y alejarse del caos. Toca escribir el guion musical.

En el caso que vaya a establecerse una banda sonora con estructura temática, lo prioritario es determinar qué espacios ha de ocupar el tema principal, como tema más importante, asignarle sus momentos y definir su discurso: dónde se presentará íntegro, cuándo fragmentado, cuándo repetido, variado o transformado, etc. El dónde, el cómo y sobre todas las demás consideraciones, el por qué. Tiene que tener una justificación, una razón de ser, saber en qué se va a beneficiar la escena o el personaje con esa música. Salvo que no vaya a ser insertado como subtema de otro, o bien comparta el sitio (por ejemplo, una escena con duelo musical tema/contratema), los espacios donde se aplique ya estarán ocupados por los demás temas, incluso en aquellos espacios que le corresponderían por lógica argumental a otro tema central.

Luego se procede con los demás temas centrales, por orden de importancia, de tal manera que será relativamente fácil detectar si comienza a haber sobresaturación y, por tanto, es procedente eliminar alguno de esos temas centrales para dejar que la película respire mejor. Teniendo presente que los temas secundarios no requieren de la participación intelectual del espectador, no tienen problemas en ubicarse en la pelicula. La saturación más peligrosa es la que afecta a la comprensión, no a la audición. En una película cuyo guion musical vaya a jugar con varios temas centrales, es conveniente que no todos ellos (salvo que sean pocos) tengan sus propias transformaciones, porque también podría generar confusión, y en este sentido podría ser más adecuado limitarlo a lo esencial: es infinitamente mejor sacrificar que luego lamentar. Por tanto, un guionista musical debería poder responder las siguientes cuestiones, no necesariamente en este orden:

1. ¿Sobre qué niveles dramáticos se va a mover la banda sonora? ¿Cuáles son los más relevantes?

2. ¿La música se corresponde en su nivel argumental al de la película?
3. ¿Habrá música preexistente? ¿Por qué razón?
4. Si va a aplicarse música en diégesis, ¿será sólo por razones argumentales o tendrá otro provecho narrativo o dramático? ¿Se harán tránsitos? ¿Habrá falsa diégesis?
5. ¿Cuál será el tema principal? ¿Cuáles los centrales? ¿Hay contratema? ¿Habrá tema inicial y/o final? ¿serán estos temas individuales, compartidos o colectivos? ¿alguno de ellos será expansivo?
6. ¿Habrá canciones? ¿Por qué?
7. En los temas principal, centrales y el inicial y final:
   - ¿Cuál es el código genético que los hace únicos? ¿Qué grado de integración tienen?
   - ¿Cuáles se repetirán, se variarán o se transformarán? ¿Por qué y cuándo?
   - ¿Cuándo y por qué establecerán una comunicación emocional? ¿Cuándo y por qué intelectual?
   - ¿En relación a qué serán empáticos?
   - ¿En qué niveles espaciales de las emociones se ubicarán?
   - ¿Se utilizarán en el nivel espacial de las referencias? ¿Y en el de la música adelantada?
   - ¿Alguno funcionará como subtema de otro? ¿Por referencia o por dominio?
   - ¿Harás de ellos motivos derivados o derivantes? ¿Fragmentos? ¿Leit-motif?
8. Temas secundarios: ¿para qué los necesitas?
9. ¿Qué música ubicarás en el nivel espacial de las acciones?
10. ¿En qué momentos es mejor que la música se escuche y en qué otros basta con que se oiga? ¿algún tema silenciará el sonido ambiente?

Es muy posible que algunas de estas preguntas no necesiten respuesta, si por ejemplo no va a haber subtemas o si tampoco habrá canciones, diégesis, etc. Pero otras son fundamentales que sean respondidas, para tener control sobre lo que quiere hacerse en el guion musical, y teniendo en cuenta que algunas de esas respuestas pueden encontrarse en el propio guion literario o en la película, sin necesidad de pensar mucho. A partir de estos preceptos, bastará con manejar estos elementos según la conveniencia, definir la estrategia y en principio el guion musical estará perfilado. Luego habrá, claro, que escribir, orquestar, grabar la música, montarla y sincronizarla en la película, donde habrá que saber hacerla compatible con los diálogos.

6.6. La música y los diálogos

Salvo que no se trate de una película muda, hay que hacer convivir a la música con los diálogos. Una música puede reforzar los diálogos o darles apoyo, pero corre el peligro que pueda llegar a entorpecer la fluidez de sus palabras, distraer la atención o resultar redundante. Del equilibrio que se logre entre música y diálogos –si se decide que compartan el mismo espacio– depende la solvencia de una secuencia. Pero es importante señalar que, frente a las palabras, la música siempre tomará una posición de retaguardia, supeditándose a ellas, porque los diálogos tienen carácter protagónico. Como es obvio, los diálogos no necesitan música para ser comprensibles, ya que en principio se explican por sí mismos. Sin embargo, hay una serie de situaciones en las que la aplicación de música puede llegar a dotarlos de una dimensión más amplia. El supuesto más elemental es el de que la música vigorice o fortalezca aquello que se está narrando: es decir, que ante unas palabras de amor, la melodía establezca un entorno ambiental y emocional romántico, o que en una situación tensa, con diálogos tensos, la música produzca una mayor impresión de intranquilidad. En estos supuestos, y en similares, la partitura no aporta nada nuevo ni diferente, pero redimensiona al ser su efecto puramente emocional. Con la música puede extenderse un sentimiento expresado con palabras y prolongarlo en el metraje sin necesidad de recurrir de nuevo a los diálogos. Es decir, que si una música es aplicada en una escena en la que los protagonistas revelan un sentimiento determinado, basta con reiterar o transformar esa música en otro pasaje para que, en cierta manera, las palabras se repitan sin necesidad de volver a escucharlas, pues la música ha tenido una referencia concreta y emocional, que luego adquiere un cariz de conexión intelectual, ya que vincula al espectador con la escena previa en la que esa melodía ha aparecido por vez primera, obviando así diálogos redundantes. En cierta manera, el hecho de acoplar música con diálogos concretos la hace aún más expresiva. Si la música se extiende en el espacio más allá de los diálogos, entonces su utilidad es destacada, como vimos con respecto al tema principal o los centrales. Puede suceder, sin embargo, que un tema se limite a una secuencia y no vuelva a ser empleado.

Hay una relación importante en la aplicación de música en escenas de diálogos con los niveles sonoros. La compatibilidad de música y palabras se produce en un plano de igualdad sonora en el caso de las canciones, la música en diégesis y del género musical, pero en las secuencias dialogadas prima el entendimiento y la audición de las palabras y por ello la música suele tomar una posición de supeditación, en un nivel sonoro más bajo que el de las voces, cuando melodía y palabra ocupan el mismo espacio físico en la película. Cuando no es así, porque por ejemplo los actores dejen de hablar por un momento, la música puede subir su nivel sonoro sin ocasionar problemas. Veamos estos tres supuestos:

Supuesto 1: la música apoya los diálogos, sin interferir. En cierta manera, hace las veces de almohadilla donde pueden fluir con comodidad y, lo que es más importante, ser escuchados. Resulta ventajoso porque puede llegar a dulcificarlos o hacerlos más asequibles, ya que adecuadamente aplicada en una escena de diálogos hace que estos discurran más fácilmente. Piénsese, sin ir más lejos, en una secuencia dialogada sin música y luego en la misma, pero con música. En el primer caso, el espectador tendrá que prestar una especial atención para no perder detalle de lo que se diga, porque las palabras serán el único referente sonoro; en el segundo caso también habrá de prestar atención, pero resultará más difícil que se produzca alguna distracción porque la música tiene un poderoso efecto psicológico que permite que las palabras, acomodadas en una buena base sonora, discurran más fluidamente. Por eso es frecuente que muchas secuencias de diálogos se acompañen con fondo musical, puesto al único servicio de hacer más digeribles las palabras. No importa que sea incidental o diegética, pero en las escenas estáticas de diálogos (con personajes sentados alrededor de una mesa y charlando) la música suele ser diegética porque no necesita justificación alguna, en tanto que con la incidental corre el riesgo de que el espectador se pregunte de dónde viene la música que acompaña los diálogos en un lugar inamovible y concreto. No sucede así en las escenas no estáticas (personajes hablando mientras caminan o se mueven), porque participan otros elementos visuales como el cambio de escenarios o el movimiento de los actores, lo que hace que sea más dinámico y la música pueda participar como un elemento más de todo el conjunto. En las escenas estáticas, aunque los personajes estén quietos, los movimientos de cámara, por ejemplo, dinamizarían la secuencia y facilitarían la entrada de música incidental. Naturalmente, no es imprescindible que deba haber música en una escena dialogada y, si la hay, no ha de sonar necesariamente todo el tiempo que dure la secuencia, aunque en este caso si se emplea incidentalmente se habrá de ser cuidadoso con las interrupciones, para que tengan coherencia y no resulten llamativas ni entorpezcan el ritmo.

Supuesto 2: La música tampoco interfiere en las palabras, pero cuando hay silencio verbal, entonces sube su nivel sonoro para ocupar un lugar más destacado, que abandona en cuanto los diálogos reaparecen. Es un método recurrido que da mayor importancia a la música y la hace más protagónica que en el primer supuesto, donde acompañaba la escena y sus diálogos. En este caso se alterna la utilidad funcional (música para sostener palabras) y la dramática. Obviamente, no consiste en el mero acto técnico de subir y bajar el volumen de la música, porque ello daría un resultado demasiado forzado, y además llamaría la atención sobre la música, sino que el compositor ha de saber moldear su creación para ajustarla a los dos niveles sonoros y que todo fluya de modo coherente y estético. Esto es algo que lógicamente no podría hacerse con música diegética, ya que no tendría sentido ni justificación alguna.

Supuesto 3: A pesar que se produzcan interrupciones en los diálogos, la música no cambia su nivel sonoro, manteniendo en toda la secuencia un tono similar y nunca protagónico. Es el recurso inevitable cuando se aplica música diegética pero también resulta válido con la incidental si no se desea dar énfasis dramático a la música, por las razones que sea. Como en el primer supuesto, no es imprescindible que deba sonar todo el tiempo que dure la secuencia, pero si se emplea incidentalmente también se habrá de ser cuidadoso con las interrupciones musicales para que tengan coherencia.

Si la música interfiere abiertamente con los diálogos, sin aparente coordinación, resulta inoperante porque entorpece la fluidez o el entendimiento de las palabras. Es importante repetir que si coexisten diálogos y música, los primeros serán siempre prioritarios. De no ser así, no tendrían sentido y deberían ser suprimidos.

Cuando se vincula con los diálogos, la música puede hacer bastante más que pautarlos o acompañarlos, dotándolos de una dimensión más amplia que la expresada con las palabras. Es decir, que del mismo modo que, ante una declaración de amor, una melodía romántica enfatiza lo verbalizado, la música puede otorgar una perspectiva distinta: si ante esa declaración de amor lo que suena es triste, el sentido de las palabras cambia por completo. La música, entonces, se habrá vinculado a los diálogos no sólo para acompañarlos, sino para darles su dimensión exacta ante el espectador, en lo que puede llegar a ser un ejercicio de rigurosa precisión en el que palabras y música se necesitan mútuamente para lograr que el espectador comprenda la dimensión real de las emociones que expresan los personajes. Por otra parte, la música puede servir para evocar aquello que se está contando en los diálogos, de tal manera que si un personaje menciona algo que pueda ser trascribible en forma de música, la presencia de melodía amplía la dimensión dramática y argumental de la secuencia, funcionando entonces a modo de referencia y ampliando el campo espacial de la escena. Por supuesto, puede emplearse para delatar a un personaje que está mintiendo: imaginen un personaje diciendo palabras dulces a otro y acompañado por una música tenebrosa: ¡le está engañando, le va a matar!. O al contrario, diciendo trivialidades pero sonando música romántica: está enamorado, pero no se atreve a decirlo. La música siempre gana.

Otro aspecto de importancia en la relación de la música con las palabras es cuando estas discurren en forma de voz en off que narra unos acontecimientos o hechos. En estos supuestos, para que música y voz concuerden y su conjunción resulte armoniosa suele resultar más práctico que la voz se grabe en función de la música, y no al revés. Es decir, que el recitado se coreografíe teniendo presente las derivaciones melódicas. Así pueden obtenerse momentos de gran belleza y precisión, como ocurre en buena parte del metraje de *The Age of Innocence*, que Elmer Bernstein musicó.[46]

6.7. La música y las secuencias

Otro aspecto a tener en cuenta es la conexión entre secuencias que pueda hacerse con la música, los tránsitos bien de continuidad o bien con elipsis (cambios de tiempo entre escena y escena). Estos tránsitos hechos con musica los hacen mucho más fluidos y menos bruscos, haciendo que parezca natural incluso el paso de varios años o el cambio de escenario: basta con arrancar la música en la parte final de una escena y enlazarla con la siguiente, o acabarla en los primeros segundos de una escena, cuando ha estado sonando en la anterior.

La música puede ayudar también a fusionar secuencias distintas, dando una impresión unitaria y continuada, a pesar que se produzcan saltos de tiempo o espacio. Piénsese en el fenomenal inicio de *Citizen Kane* en la que una sucesión de planos nos acerca hasta el protagonista en su lecho de muerte. La música de Bernard Herrmann solidifica esos planos y conduce hasta el punto climático, cuando la bola de nieve que sostiene Kane se cae al suelo y rompe. O el montaje de secuencias al final de *The Godfather*, unificadas sólidamente gracias a la música a pesar del contundente contraste que hay en esas secuencias, una matanza y una boda. Una secuencia es una serie de imágenes artificialmente unidas por el montaje, y la música solda esos fragmentos en uno solo para que el espectador crea que es una secuencia única y compacta.

El inicio de *The Remains of the Day*, con música de Richard Robbins, consiste en una sucesión de largas escenas en las que se explican los hechos previos a lo que es el comienzo real de la historia del filme (llegada a la mansión/subasta de la mansión/mayordomo

---

[46] Pero no es un requisito imprescindible ya que, como hemos visto, el compositor puede pautar las palabras y hacerlas más armoniosas, aunque sin duda es más laborioso. Aún así, Dimitri Tiomkin y Georges Delerue lo hicieron, y muy bien, en *El viejo y el mar* (*The Old Man and The Sea*. John Sturges, 1958) y en *Las dos inglesas y el amor* (*Les deux anglaises et le continent*. François Truffaut, 1971), respectivamente.

abre ventanas de la mansión/mayordomo coge bandeja con el desayuno/camina por los pasillos con la bandeja/el nuevo propietario desayuna y habla con el mayordomo). Este encadenado es acompañado por una misma música y, así, la película narra rápida acontecimientos importantes de modo fluido y natural gracias al empleo de un único tema que lo entrelaza. Sin música, los cambios hubieran sido bruscos. Este sistema es muy práctico en películas que comiencen con explicaciones rápidas y resumidas a modo de antecedente, para situar al espectador en un punto concreto a partir del cual desarrollar el argumento. En *Tom Jones*, con partitura de John Addison, sucede lo mismo, en este caso con música barroca que explica las circunstancias del origen del protagonista. Pero la unión con música de secuencias dispares la encontramos también en películas en las que se pretenda dar un tono sólido y único, a pesar de diferencias narrativas o temporales. Un ejemplo de sucesión de secuencias en las que transcurre aceleradamente el tiempo lo hallamos en *The Age of Innocence*, donde con el apoyo de la voz de Joanne Woodward (que narra el filme), un extensísimo montaje de secuencias explica, de modo virtuoso y elegante, la evolución en la vida y sentimientos del matrimonio protagonista. Bernstein, en realidad, concatena dos temas diferentes, uno tras otro, que fusionan las elipsis y que facilitan también un cambio de tono dentro del conjunto, gracias al empleo de dos melodías sucesivas. Philip Glass, en *The Hours*, va más allá y llega a fusionar secuencias paralelas que transcurren en tres épocas históricas: los años veinte, los cincuenta y la actualidad, no sucesivas sino alternadas, y las dota de un cariz homogéneo sólido, por lo que los cambios de tiempo se producen sin alteración. La película intercala tres relatos, dos sobre mujeres lectoras de Virginia Woolf, y un tercero sobre la propia escritora. La música ayuda a que los saltos de tiempo parezcan naturales y evitar la sensación de que son tres filmes en uno, sino uno único sólidamente entrelazado. Si el compositor hubiera escrito un tema para cada época, o un estilo musical diferente para cada período histórico, no se hubiera logrado esa unidad en todo el filme. En este supuesto, perfectamente válido por otra parte, participaría en tres niveles argumentales e independizaría los episodios. Por el contrario, una única música acopla el largometraje, fusiona los episodios y les da una continuidad natural y fluida, de manera que los tránsitos discurren apacibles y con impresión continuista. Pero sucede también que, cuando en una película se narra elípticamente una historia, la música puede contribuir a que ese relato breve y condensado discurra fluidamente, de modo natural. Uno de los momentos más destacados de *Ed Wood* es cuando el protagonista se entrevista con Orson Welles y, animado, decide finalizar el rodaje de la que cree ha de ser la película de su vida. Lo que sucede a continuación es un montaje de secuencias donde se expone el proceso de creación de ese filme, hasta llegar a su estreno. Un proceso que, en apenas unos minutos, abrevia lo que sucede en semanas. La música de Howard Shore, con un crescendo ascendente muy emotivo, ayuda a unificar tanto salto temporal. En *Todo sobre mi madre* (Pedro Almodóvar, 1999), con música de Alberto Iglesias, se plantean seguidos dos montajes de secuencias elípticas:

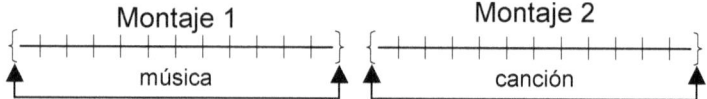

El primer montaje de secuencias abarca desde que la protagonista firma la donación de los órganos de su hijo hasta que un paciente recibe esos órganos. El segundo comienza cuando inicia su viaje a Barcelona y finaliza en el momento en que llega a un descampado donde encontrará a un transexual. En el primero, se explica en breve tiempo lo que sucede en días; en el segundo, se resume un devenir de horas. Y ambos van prácticamente seguidos, lo que podría resultar chocante de no mediar la inserción de bloques musicales distintos (un tema musical y una canción, respectivamente). Cada uno resuelve su montaje de secuencias elípticas, pero el hecho de que en los dos haya música distinta se explica por la necesidad de diferenciarlos entre sí, porque los acontecimientos son distintos y para evitar la confusión que podría producirse en el supuesto de que la música fuese similar. Quedan, así, claramente distinguidos e individualizados.

Dentro de unos límites razonables, una buena música puede sostener una secuencia más allá de lo argumental y hacer que su duración se extienda más de lo que podría de no mediar su aplicación. Ya vimos cómo se hizo en el caso de *Per qualche dollaro in più*, pero no es imprescindible recurrir a trucos. Lo importante es que si se desea alargar una secuencia se ha de hacer con algún motivo justificado, ya sea con propósitos enfáticos, para generar tensión o para aprovechar la riqueza visual o dramática de la propia escena. Un método muy elemental para alargar una secuencia es ralentizarla, hacer que la imagen vaya más lenta de lo normal y que, así, dure más. Entonces, si la música aparenta estar también ralentizada el efecto obvio es el de que se explica lo mismo, pero en mayor tiempo. Es lo que sucede en las escenas finales de *Fascinación* (*Obsession*) y *Carrie* (id) (ambas de Brian De Palma y ambas de 1976), donde las partituras de Bernard Herrmann y Pino Donaggio acompasan el ritmo de unas imágenes a cámara lenta, convirtiendo así en largas unas secuencias que, en circunstancias normales, durarían muy poco. El propio Herrmann aplicó en su carrera una fórmula más sutil para extender la duración de una escena y, en su caso, provocar inquietud. Lo hizo con músicas irresolutorias, que se extendían sin visos de finalización: cuando parecían concluir, volvían a empezar, en una suerte de repeticiones circulares en las que la música, llegado a un punto concreto, volvía a su inicio, y así indefinidamente. Es algo que puede apreciarse en el tema inicial de *Vertigo*, en la secuencia del monte Rushmore de *North By Northwest* o en *Taxi Driver*, entre otras, con melodías sin resolución lógica, sino que se autofagocitan, se repiten una y otra vez, manteniendo una impresión de que aquello no se acaba, de que cuando parece llegar a algo, vuelven al punto inicial. Cinematográficamente, los resultados son sobresalientes: dan una desalentadora impresión estática y, por supuesto, provocan una gran dosis de angustia, porque en esas situaciones lo que se espera es una conclusión aliviadora, algo que permita relajarse y sentir que *esto se ha acabado*. Pero Herrmann no lo hizo así, y por ello contribuyó tanto a mantener y extender casi indefinidamente secuencias enteras.

Si una música es agradable, difícilmente se reprochará su presencia, incluso cuando se detenga la acción, dentro de unos límites razonables. Lo podemos comprobar en cualquier película en la que se retraten vistas hermosas donde la música campe a sus anchas, como en *Bailando Con Lobos* (*Dances With Wolves*. Kevin Costner, 1990) o por supuesto en filmes donde apenas haya diálogos. En esos casos, la cámara puede detenerse más tiempo a retratar lugares naturales o acompañar a los personajes mientras deambulan por bellos paisajes porque la música sirve de refuerzo y hace más paciente al espectador, si está disfrutando de lo que ve y escucha. En sentido parecido, la secuencia de la construcción de la granja en *Único testigo* (*Witness*. Peter Weir, 1985) está edificada en función de la música de Maurice

Jarre, y no al revés, por lo que puede estar más extendida de lo que sería normal. Lo mismo sucede en escenas de persecuciones de filmes policíacos o similares, que naturalmente se apoyan en el frenesí de la acción, pero que también se sostienen por un adecuado acompañamiento musical que permite que den más de sí y puedan alargarse sin riesgo de provocar saturación: ahí están las intensas secuencias de persecución de *Bullit* (*Bullitt*. Peter Yates, 1968), realzadas en buena medida gracias a la música de Lalo Schifrin.

Si una música logra ser más sugerente o emotiva que la escena en la que se aplique –y puede ser algo intencionado–, entonces raramente el espectador reprochará que la secuencia se alargue tanto como dure esa música, porque será bien recibida. Son ocasiones en las que la melodía resulta incluso más importante que la propia imagen para establecer un ambiente determinado, generalmente porque lo narrado en imagen es elemental o mínimo, pero se hace más amplio, trascendente o intenso por mediación de la música. En *Vestida para matar* (*Dressed to Kill*. Brian De Palma, 1980), por ejemplo, hay una larguísima escena en el interior de un museo, donde todo lo que acontece es una mujer y un hombre que intercambian miradas y se siguen por las galerías y pasillos. Con la partitura de Pino Donaggio se genera un sentimiento de deseo creciente, de pasión y cierta intriga, que aumenta en el transcurso de la secuencia. La acción es mínima y la escena se haría latosa de no mediar la intervención de una música que hace viable y asumible su larga duración. Y del mismo modo que la música puede alargar una escena, también puede darle una mayor intensidad o dinamizarla, bien sea extendiendo la secuencia o sin hacerlo. Uno de los ejemplos clásicos es el de *The Magnificent Seven*, demasiado lenta sin música, o en *Lawrence of Arabia*, en la que hay una secuencia que cobra especial significado, la del hombre desmayado en el desierto y al que el protagonista salva arriesgando su propia vida. A medida que el joven vigía del campamento va observando sorprendido cómo la imperceptible sombra que aparece en el horizonte es la de Lawrence, el tono de la música se va incrementando progresivamente, hasta llegar a su máximo éxtasis en el encuentro, donde se alcanza unas cotas de espectacularidad y emotividad pocas veces conseguidas en la historia del cine. La clave de ese momento, además de la propiamente musical, fue la acertada decisión del director y del compositor de iniciar los primeros acordes del tema avanzándolos un poco a la acción de la escena, de tal manera que la partitura ya estaba participando en la euforia del momento antes de que este comenzara a vislumbrarse. En un sentido más concentrado, una secuencia breve pero intensa puede resultar aún más contundente con una música adecuada. Un referente imprescindible es la escena inmediatamente previa a la llegada de los malos en *High Noon*, donde se intercalan las imágenes de un reloj con la reacción de preocupación o miedo de todos los personajes del filme. La secuencia es contundente y goza de gran poder por sí misma, por su impecable labor de montaje, pero gana muchos enteros con la poderosa y despiadada música de Dimitri Tiomkin, quien, en un muy breve período de tiempo, genera una enorme tensión.

Hay opciones más sutiles, que surgen de la relación sincrónica entre el movimiento de cámara y música. Así, lo habitual en los movimientos de cámara es que la música acompase lo que muestra de manera que, en cierto modo, la música va *por detr*ás de lo visual. Es lo que sucede al inicio de *Psycho*, donde la música acompaña un trávelling que lleva al interior de un motel. Pero cuando sucede al revés, es decir, que la cámara siga a la música, y a así esta vaya *por delante* de lo visual, el efecto de intensificación se hace evidente y lo que la cámara quiere mostrar se convierte en algo mucho más importante. Ocurre en los primeros instantes de *Citizen Kane*, en los que la música lleva de la mano al espectador desde un plano general de la mansión de Kane hasta la bola de cristal, o también en la secuencia en la casa del magnate cinematográfico de *The Godfather*, partiendo de un plano general de la casa, suenan los primeros acordes del tema principal, indicando que el Padrino –sus matones– han estado allí para ejecutar una venganza. A medida que se intensifica la música, la cámara va acercándose, hasta llegar al lecho del productor, que descubre horrorizado la cabeza de su caballo entre las sábanas. Es la música la que lleva al espectador y la cámara se limita a seguir la senda trazada. El resultado obtenido es de una mayor intensificación de la acción.

6.8. ¿Cuándo escribir la música?

Un tema que ha generado y sigue generando algún debate es cuándo debería ser escrita una banda sonora: ¿se puede escribir antes incluso de rodar la propia película?; ¿debería hacerse durante el proceso de filmación?; ¿un compositor ha de ver la película rodada y montada para empezar a trabajar?

Antes de abordar cada posibilidad, conviene dejar claro que en primer lugar en la historia del cine ha habido y hay extraordinarias partituras que escritas en los tres posibles períodos (antes, durante y después); en segundo lugar, y es lo importante, que lo que cuenta es el resultado... si la partitura es buena, ¿qué importa cuándo ha sido escrita? Aunque lo cierto es que por lo general no es el compositor quien decide cuándo inicia su trabajo en la película, es razonable pensar que cuanto antes lo haga, mejor, pero no siempre es posible.[47]

Veamos algunos supuestos en los que es casi un imperativo escribir la música antes, durante o después de ser creada la película, aunque un proceso iniciado antes de ser creada la película suele extenderse al final de ella.

1.– Música escrita antes de la película

Hay supuestos en los que resulta imperativo escribirla antes de que se ruede una película. Uno obvio son las canciones en un filme musical, pero hay más: aquella que va a ser interpretada diegéticamente o que se necesite porque algún personaje se refiera específicamente a ella. No son supuestos absolutos, pues puede darse el caso que, aunque un personaje aparente estar tocando una música, haya sido escrita con posterioridad a la filmación de esa secuencia, pero es más práctico hacerlo antes. También hay casos en los que quiere consagrarse una secuencia al poder de la música, y a veces conviene planificar la escena conociendo de antemano esa música. Toda la escena final de *Las zapatillas rojas* (*The Red Shoes*. Michael Powell, Emeric Pressburger, 1948), por ejemplo, es un ballet con música de Brian Easdale que, como es más que razonable, fue escrita antes de ser rodada. Pero si hay un ejemplo más que notable de

---

[47] "Si la música (el misterio) formase parte inicial de la producción, en lugar de estar en la postproducción, sería mucho menos intimidante. Todavía habría tiempo y dinero para arreglarla o reconsiderarla. Pero, con la película toda hecha y ya sea funcionando o no y con la fecha de entrega al acecho en un futuro muy próximo, no es el mejor momento para agregar un elemento que sólo una persona en la sala entienda perfectamente" (Bellis, R . op. Cit. P. 67).

director que quiso tener la música antes de empezar a rodar, y de compositor que comprendió perfectamente sus motivos, fue el de Sergio Leone en todos sus filmes cuya música firmó Ennio Morricone. Hubo dos razones básicas, ambas de importancia: en primer lugar, tener la música de antemano iba a permitir planificar escenas completas en función de esa música, de tal modo que pareciese que esas eran secuencias *coreografiadas*, de gran belleza. En segundo lugar, porque Leone siempre entendió que la música era la extensión natural de los personajes, de modo que con ella los hacía más comprensibles y les daba una dimensión más amplia, etérea, incluso religiosa. Y si un actor debía conocer de antemano sus diálogos para entender el personaje, ¿cómo no debía conocer también qué música iba a ser el *alma* de su personaje? Por ello, Leone hacía escuchar a sus actores la música de Morricone.

2.– Música escrita durante la creación de la película

En una secuencia de *La nuit américaine*, la secretaria de Truffaut recibe una llamada telefónica que le pasa al director: *Es Georges Delerue*, le dice. *Hola, George*, saluda Truffaut. *Tengo la música de la película. ¿Quieres escucharla?*, le dice el compositor. *Sí, pónmela*, responde el director. Suena música por el teléfono y Truffaut dice: *Estupenda, Georges. Estoy muy contento. Gracias.* Y cuelga el teléfono. Esta película, representativa del *cine dentro del cine*, mostró el proceso de rodaje de una película y, con ella, la participación de un compositor en ese mismo proceso. Así, mientras el director rueda, el compositor escribe. Y del mismo modo que un guion puede ir cambiando a medida que se avanza el rodaje, el compositor tiene la oportunidad de reescribir o cambiar sobre la marcha, a sabiendas de que su obra deberá ajustarse con la obra fílmica final. En cierto modo, película y música se gestan paralelas, siempre y cuando el compositor tenga acceso al material grabado o pueda asistir al rodaje. La creación musical paralela tiene muchas ventajas y pocos inconvenientes, ya que el compositor puede disponer de información de primera mano, tiempo y, lo que es más importante, llegar a hacer sugerencias. En la sala de montaje podrá ajustarse su música, pero si esta ha sido creada absorbiendo los elementos del filme naciente, todo puede resultar más fácil y cómodo. Un compositor que conozca el oficio puede ayudar al director a tomar decisiones importantes, como la de suprimir diálogos innecesarios, facilitar elipsis, tránsitos o cualquier otro recurso en el que pueda tener un papel activo. Eso sí, siempre y cuando el realizador sea permeable a sus sugerencias. En esas circunstancias, el compositor puede ir recibiendo los estímulos de la película que se está gestando, para luego plasmarlo en los pentagramas. Después de todo, tal y como señaló el director Robert Aldrich, «*creo que el músico es una extensión del director*».[48]

Por todas esas aportaciones es tan útil contar con el compositor cuanto antes. Ello redunda en, por ejemplo, poder montar partes de la película en función de la música mientras se rueda: el compositor puede haber creado su música a partir de un primer montaje o un esbozo, y en el montaje definitivo o se le pide que ajuste su música o se le pide al montador que ajuste su trabajo. Sucedió en *Citizen Kane* en *E.T. The Extra-Terrestrial* o en *The Age of Innocence*, con secuencias montadas en función de la música, y no al revés.[49]

3.– Música escrita después de la película

Sucede –por desgracia, con demasiada frecuencia– que acabado el rodaje de una película y montada ya, algunos recuerdan que la película necesita música. Es entonces cuando acuden con prisas al compositor y le piden un trabajo rápido, eficiente, casi milagroso, porque la película tiene una fecha de estreno y se ha de llegar a ella: es el *necesito la música para ayer*, la pesadilla de los compositores. Hay ocasiones en que no hay más remedio que trabajar sobre montaje final, porque el ajuste debe ser, más que preciso, milimétrico. Sucede en los filmes de animación, aunque pueda haberse hecho previamente la música. La clave de una música escrita con posterioridad al montaje del filme está en el tiempo concedido al músico. Es posible que, aunque ciertamente un compositor ya no pueda hacer sugerencias importantes, esas sugerencias *perdidas* no sean tan necesarias, y sí en

---

[48] "I think that the musician is an extension of the director". Karlin, F.: Op.cit. p. 12

[49] Respecto a *The Age of Innocence*, me comentó Elmer Bernstein que: "Cuando se acabó mi trabajo (Scorsese) llegó a montar partes del filme en función de la música, como es lo que pasa en las secuencias del matrimonio, la luna de miel o la del paso del tiempo. Así que hubo un verdadero matrimonio entre la imagen y la música. Eso es lo mejor".

cambio otras a posteriori que pueden beneficiar el filme si el compositor dispone de tiempo o si el director es tolerante.

Las premuras de tiempo han constituido una lacra para los compositores. Acabada la película, se espera que la post-producción (en la que se incluye la banda sonora) se haga de forma rápida. La dificultad principal que debieron sortear la mayor parte de los compositores de Hollywood en los años treinta y cuarenta fue la enorme cantidad de trabajo encomendado y el escasísimo tiempo de que podían disponer, penosa circunstancia que se mantuvo casi inalterable y con contadas excepciones hasta el final de los días de los grandes estudios, ya en los cincuenta. Max Steiner, por ejemplo, abandonó la RKO por ese motivo, pero las cosas no mejoraron. Así describió, quizás exageradamente, su tormentoso trabajo para *Lo que el viento se llevó* (*Gone with the Wind.* Victor Fleming, 1939): «*escribí 3 horas y 45 minutos de música original para* Gone with the Wind*, así como la partitura de otra película, y supervisé la grabación de ambas; y todo en el espacio de cuatro semanas. Lo conseguí durmiendo tan sólo 15 horas en ese período y trabajando sin descanso el resto del tiempo. No puedes ser Beethoven en esas condiciones*»[50] Dimitri Tiomkin también lo padeció: «*para escribir la música de* El Álamo (*The Alamo.* John Wayne, 1960) *me dieron cuatro semanas, y para* Los cañones de Navarone (*The Guns of Navarone.* J. Lee Thompson, 1961) *me han dado cinco. Esta forma de trabajar destroza mi salud y perjudica mi corazón*».[51] Victor Young fue más pragmático: «*no entiendo el motivo por el que cualquier compositor experimentado ha de involucrarse en un medio como el cinematográfico, que exige la exactitud de Einstein, la diplomacia de Churchill y la paciencia de un mártir. Aún así, tras haber realizado unas 350 bandas sonoras, no conozco otro medio musical que ofrezca*

---

[50] "I wrote the 3 hours and 45 minutes of original music for Gone with the Wind, plus the score for another film and supervised the recording of both, and within the space of four weeks... I did it by getting exactly 15 hours of sleep during those four weeks and working steadily the rest of the time. You can't be a Beethoven under these conditions". Karlin, F.: Op.cit. p. 192

[51] "Four weeks was all I was allowed to write the *The Alamo* score. *The Guns of Navarone*, it is five weeks. It is ruining my health and my heart". Bona, D. y Wiley, M.: «Inside Oscar» (Ballantine Books, 1986) P. 322.

tantas oportunidades, retos, apasionamiento y creatividad para trabajar».[52]

La presencia de orquestadores ayudó, y sigue ayudando, a paliar dificultades y a economizar tiempo. Hans J. Salter lo describió así: «*Esa gente que cree que los compositores deberían hacer sus propias orquestaciones, debían haber estado en la Universal en los años cuarenta. Ahí no había tiempo para esos lujos*»[53] En principio, la autoría no se discute («*Si yo dicto una carta y mi secretaria la escribe, ¿quién es el autor de la misma, yo o mi secretaria?*», diría Aaron Copland),[54] aunque hubo y sigue habiendo disparidad de criterios al respecto: así, mientras hay compositores que trabajan con un equipo de orquestadores, otros compositores no. En mis charlas con compositores he escuchado todo tipo de opiniones.[55]

---

[52] "Why, indeed, would any trained musician let himself in for a career that calls for the exactitude of an Einstein, the diplomacy of Churchill, and the patience of a martyr. Yet, after doing some 350 film scores, I can think of no other musical medium that offers as much challenges, excitement, and demand for creativity in putting music to work". Thomas, T.: Op. cit. P. 162.

[53] "Those people who feel that composers do their own orchestrations should have been at Universal (in the forties). There simply was no time for such luxuries". Karlin, F.: Op.cit. p. 35.

[54] "If I dictate a letter and it is typed for me, who actually wrote the letter, me or my secretary?". Karlin, F.: Op.cit. p. 40

[55] Morricone es tajante en lo que considera la integridad de un compositor: En el libro «Morricone, la música, el cine» (Fundación Municipal de Cine de Valencia, 1997), el autor, Sergio Miceli, le pregunta si alguna vez se ha servido de colaboradores: "Nunca, es un principio moral irrenunciable (...) A mí me gusta componer, es mi vocación, lo único que sé hacer. No puedo delegar en otros una obligación que siento como profundamente propia». Alega también razones personales: «Comencé en esta profesión encargándome de la orquestación y los arreglos para músicos que estaban muy bien pagados, mientras yo no tenía nada (...) Es decir, que fui explotado, y yo no puedo hacer lo mismo con otras personas, por razones morales pero también por razones artísticas". Y remata: "Algunos compositores ilustres de música para cine recurren a este tipo de colaboraciones. Cosa que yo no acabo de comprender, porque incluso si tú entregas un fragmento bien resuelto, bien claro, la orquestación es la música: el hecho de que tú pongas 'puente' o 'pizzicato' en la viola forma parte de la música, influye sobre la totalidad del sonido. Por lo tanto, para mí es inaceptable como principio no sólo moral, sino meramente musical. El dueño de la música es quien la escribe de principio a fin, por buena o mala que sea" (p. 103 y 104).

6. El guion musical

La música habrá de pasar por las decisiones que se tomen en montaje y la inserción de los elementos sonoros. Si el compositor no está presente es probable que sufra las consecuencias: no son pocas las ocasiones en las que la inserción de los efectos sonoros ha resultado un drama. Estos efectos –tan necesarios– se combinan con la música, haciendo que haya constante pugna por prevalecer en una secuencia. Una mala mezcla puede destrozar una banda sonora, ahogarla los efectos de sonido. Cualquier compositor sabe que en las decisiones que se toman en esa fase puede darse la circunstancia de que hayan temas que finalmente no se empleen. Pero en este delicado momento también se ha llegado a decidir suprimir por completo una partitura o recortarla de modo drástico. Le sucedió por ejemplo a David Raksin en *Carrie* (id. William Wyler, 1952), en la que, como él narró: «*había una secuencia final, de casi siete minutos, y prácticamente sin diálogo. Sabía que William Wyler, el director, iba a acortarla, así que, como trabajábamos contrarreloj, le pedí que me librara de la obligación de componer más música de la que iba a ser empleada. Pero me dijo que no cortaría la secuencia hasta que la viera con ella. Escribí la secuencia –me inspiró una de las mejores piezas que jamás he compuesto– y todo el mundo estaba muy contento. Pero cortaron la escena a poco más de 56 segundos, y con eso destruyeron por completo mi música*».[56] O lo que sentenció tan brillantemente Erich Wolfgang Korngold: «*La inmortalidad de un compositor se pierde en el camino entre la sala de grabación y la de sonorización*»[57] Esto no debería ser inevitable, si en el entendimiento de la importancia del guion musical participan los que intervienen desde su escritura hasta su inserción final.

---

[56] "There was a final sequence, near seven minutes long, and almost without dialogue. I knew than Willie Wyler, the director, was going to shorten it; so, since we were working on an impossible time schedule, I asked him to spare me the necessity of composing more music than we would actually use. He said he couldn't cut the sequence until he saw it with the music. So I wrote the sequence –it inspired some of the best music I have ever composed– and there was joy over the place. Then they cut the sequence down to something like 56 seconds, and with that they destroyed the music". Karlin, F.: Op. cit. P. 63.

[57] "A film composer's immortality stretches all the way from the recording stage to the dubbing room". Karlin, F.: Op. cit. P. 56.

7. Consideraciones finales

Poner música a una película es fácil: basta con encontrar a un compositor, pedirle música y colocarla en la película. Pero eso no es hacer cine: eso es sólo poner música. Es algo que puede hacer cualquier compositor. Elaborar un guion musical, que resulte adecuado a las necesidades de la película, es otro oficio, y mucho más apasionante, Lo dije al principio: *El compositor que no propone, es el compositor que obedece.* En una ocasión, Adolph Deutsch definió sarcásticamente este trabajo: *un compositor de cine es como el empleado de una funeraria: no puede resucitar a un muerto, pero se espera de él que lo haga parecer más presentable.*[58] Un guion musical no resucitará una película muerta, ¡pero podrá sacar de ella algún aliento!. La ayudará a respirar y caminar mejor. Basta con poner orden y mover bien las piezas del ajedrez musical.

No es fácil. El compositor de cine debe ser un negociador, un diplomático, y también un santo, para aguantar según qué opiniones o decisiones. Pero también un buen deportista, para saltar los obstáculos de en su camino: el director, el productor, el montador, el mezclador de la música (y más si no saben nada de música)... la mejor manera de hacer diplomacia, de no necesitar tanta paciencia y de ejercitar bien este deporte es hacerlo con argumentos que expliquen la necesidad de la música, no confiarlo meramente al poder de emocionar o de gustar, porque entonces el juicio que hagan sobre la música será subjetivo, y eso es arriesgado. Lo he dicho también: no les lleves al terreno de la música, donde probablemente se sentirán inseguros. Haz que la visualicen, que la comprendan, que la entiendan como elemento narrativo. Si comprenden el sentido, la utilidad que tendrá, el proceso debería resultar más sencillo. Ha sido el propósito de este libro, como punto de partida para que los compositores sean y se sientan también cineastas. Es algo muy diferente y mucho más conveniente

---

[58] "A film composer is like a funeral–home employee. He cannot bring back to life a dead film but he is expected to make it look more presentable". Thomas, T.: «Music for the Movies» (Silman–James Pr. 1997). P. 18–19.

8. Películas mencionadas

2001: A Space Odyssey (2001: Una Odisea del espacio. Stanley Kubrick, 1968)

Abrazos rotos, Los (Pedro Almodóvar, 2009)

Adventures of Robin Hood, The (Robín de los bosques. Michael Curtiz, William Keighley, 1938)

Age of Innocence, The (La edad de la inocencia. Martin Scorsese, 1993)

Agnes of God (Agnes de Dios. Norman Jewison, 1985)

Alamo, The (El Álamo. John Wayne, 1960)

Alexis Zorba (Zorba el griego. Michael Caccoyannis, 1964)

Alfie (Lewis Gilbert, 1966)

Altered States (Viaje alucinante al fondo de la mente. Ken Russell, 1980)

Amadeus (Milos Forman, 1984)

Amarcord (Federico Fellini, 1974)

American Beauty (Sam Mendes, 1999)

Amistad (Steven Spielberg, 1997)

Anatomy of a Murder (Anatomía de un asesinato. Otto Preminger, 1959)

Argo (Ben Affleck, 2012)

Around the World in 80 Days (La vuelta al mundo en 80 días. Michael Anderson, 1956)

Artist, The (Michel Hazanavicius, 2011)

Ascenseur pour l'échafaud (Ascensor para el cadalso. Louis Malle, 1957)

Atonement (Expiación. Más allá de la pasión. Joe Wright, 2007)

Aviator, The (El aviador. Martin Scorsese, 2004)

Basic Instinct (Instinto básico. Paul Verhoeven, 1992)

Batman (Tim Burton, 1989)

Ben–Hur (William Wyler, 1959)

Birds, The (Los pájaros. Alfred Hitchcock, 1963)

Blade Runner (Ridley Scott, 1982)

Body Heat (Fuego en el cuerpo. Lawrence Kasdan, 1981)

Borgia, Los (Antonio Hernández, 2006)

Braveheart (Mel Gibson, 1995)

Breakfast at Tiffany's (Desayuno con diamantes. Blake Edwards, 1961) 130

Bride of Frankenstein, The (La novia de Frankenstein. James Whale, 1935)

Bridge Too Far, A (Un puente lejano. Richard Attenborough, 1977)

Bullitt (Bullit. Peter Yates, 1968)

Buono, il brutto, il cattivo, Il (El bueno, el feo y el malo. Sergio Leone, 1966)

C'era una volta il west (Hasta que llegó su hora. Sergio Leone, 1968)

Caine Mutiny, The (El motín del Caine. Edward Dmytryck, 1954)

Carrie (William Wyler, 1952)

8. Películas mencionadas

Carrie (Brian De Palma, 1976)

Casablanca (Michael Curtiz, 1943)

Catch Me If You Can (Atrápame si puedes. Steven Spielberg, 2002)

Chariots of Fire (Carros de fuego. Hugh Hudson, 1981)

Choristes, Les (Los chicos del coro. Christophe Barratier, 2004)

Citizen Kane (Ciudadano Kane. Orson Welles, 1941)

Clockwork Orange, A (La naranja mecánica. Stanley Kubrick, 1971)

Close Encounters of the Third Kind (Encuentros en la Tercera Fase. Steven Spielberg, 1977)

Cloud Atlas (El atlas de las nubes. Tom Tykwer, Andy Wachowski, Lana Wachowski, 2012)

Commitments, The (Alan Parker, 1991)

Comunidad, La (Álex de la Iglesia, 2000)

Coraline (Los mundos de Coraline. Henry Selik, 2009)

Cotton Club, The (Francis Ford Coppola, 1984)

Creature from the Black Lagoon (La mujer y el monstruo. Jack Arnold, 1954)

Cuerpo, El (Oriol Paulo, 2012)

Dances With Wolves (Bailando Con Lobos. Kevin Costner, 1990)

Dark Knight Rises, The (El Caballero Oscuro: la leyenda renace. Christopher Nolan, 2012)

Dark Knight, The (El Caballero Oscuro. Christopher Nolan, 2008)

Days of Wine and Roses (Días de vino y rosas. Blake Edwards, 1962)

Deux anglaises et le continent, Les (Las dos inglesas y el amor. François Truffaut, 1971)

Diary of Anne Frank, The (El diario de Ana Frank. George Stevens, 1959)

District 9 (Distrito 9. Neill Blomkamp, 2009)

Donnie Brasco (Mike Newell, 1997)

Double Indemnity (Perdición. Billy Wilder, 1944)

Dracula (Tod Browning, 1932)

Dracula (Terence Fisher, 1958)

Dracula (John Badham, 1979)

Drag Me To Hell (Arrástrame al Infierno. Sam Raimi, 2009)

Dressed to Kill (Vestida para matar. Brian De Palma, 1980)

E.T. The Extra–Terrestrial (E.T. El Extraterrestre. Steven Spielberg, 1982)

Ed Wood (Tim Burton, 1994)

Elephant Man, The (El hombre elefante. David Lynch, 1980)

Elizabeth (Shekhar Kapur, 1998

End of the Affair, The (El fin del romance. Neil Jordan, 1999)

Evil Dead (Posesión infernal. Evil Dead. Fede Álvarez, 2013)

Fabuleux destin d´Amélie Poulain, Le (Amélie. Jean Pierre Jeunet, 2001)

Fall of the Roman Empire, The (La caída del Imperio romano. Anthony Mann, 1964)

Far from Heaven (Lejos del Cielo. Todd Haynes, 2002)

Fargo (Joel Coen, 1996)

Fortunella (Fortunela. Eduardo De Filippo, 1958)

Frida (Julie Taymor, 2002)

Gandhi (Richard Attenborough, 1982)

Ghost Writer, The (El escritor. Roman Polanski, 2010)

Girl with the Dragon Tattoo, The (Millenium: los hombres que no amaban a las mujeres. David Fincher, 2011)

Gladiator (Ridley Scott, 2000)

Godfather, The (El Padrino. Francis Ford Coppola, 1972)

Godfather, Part II, The (El Padrino. Parte II. Francis Ford Coppola, 1974)

Godfather, Part III, The (El Padrino, Parte III. Francis Ford Coppola, 1990)

Godfellas (Uno de los nuestros. Martin Scorsese, 1990)

Gone with the Wind (Lo que el viento se llevó. Victor Fleming, 1939)

Good Night, and Good Luck (Buenas noches y buena suerte. George Clooney, 2005)

Great Escape, The (La gran evasión. John Sturges, 1963)

Guns of Navarone, The (Los cañones de Navarone. J. Lee Thompson, 1961)

Havana (Habana. Sydney Pollack, 1990)

High Noon (Solo ante el peligro. Fred Zinnemann, 1952)

Hours, The (Las horas. Stephen Daldry, 2002)

How to Train Your Dragon (Cómo entrenar a tu dragón. Dean DeBlois, Chris Sanders, 2010)

Hush... Hush, Sweet Charlotte (Canción de cuna para un cadáver. Robert Aldrich, 1964)

Inception (Origen. Christopher Nolan, 2010)

Incredibles, The (Los increíbles. Brad Bird, 2004)

Interiors (Interiores. Woody Allen, 1978)

Jaws (Tiburón. Steven Spielberg, 1975)

Journey to the Center of the Earth (Viaje al Centro de la Tierra. Henry Levin, 1959)

Juno (Jason Reitman, 2007)

King Kong (Ernst B. Schoedsack, Merian C. Cooper, 1933) 115

King Kong (Peter Jackson, 2005)

King's Speech, The (El discurso del Rey. Tom Hooper, 2010)

Laberinto del Fauno, El (Guillermo del Toro, 2006)

Laura (Otto Preminger, 1944)

Lawrence of Arabia (Lawrence de Arabia. David Lean, 1962)

Life of Pi (La vida de Pi. Ang Lee, 2012)

Little Romance, A (Un pequeño romance. George Roy Hill, 1979)

Lo imposible (J.A. Bayona, 2012)

Lord of the Rings, The (El Señor de los Anillos. Peter Jackson, 2001–2003)

Magnificent Seven, The (Los Siete Magníficos, John Sturges, 1960)

Magnolia (Paul Thomas Anderson, 1999)

Malcolm X (Spike Lee, 1992)

Malèna (Giuseppe Tornatore, 2000)

Man who Knew Too Much, The (El hombre que sabía demasiado. Alfred Hitchcock, 1956)

8. Películas mencionadas

Man with the Golden Arm, The (El hombre del brazo de oro. Otto Preminger, 1955)

Marie Antoinette (Sofia Coppola, 2006)

Mariée était en noir, La (La novia vestía de negro. François Truffaut, 1967)

Migliore offerta, La (La mejor oferta. Giuseppe Tornatore, 2013)

Mission, The (La Misión. Roland Joffé, 1986)

Munich (Steven Spielberg, 2005)

North By Northwest (Con la muerte en los talones. Alfred Hitchcock, 1959)

Notes On a Scandal (Diario de un escándalo. Richard Eyre, 2006)

Nuit américaine, La (La noche americana. François Truffaut, 1973)

Obsession (Fascinación. Brian De Palma, 1976)

Old Man and The Sea, The (El viejo y el mar. John Sturges, 1958)

Omen, The (La profecía. Richard Donner, 1976)

One Flew Over the Cuckoo's Nest (Alguien voló sobre el nido del cuco. Milos Forman, 1975)

One from the Heart (Corazonada. Francis Ford Coppola, 1982)

Orfanato, El (J.A. Bayona, 2007)

Out of Africa (Memorias de África. Sydney Pollack, 1985)

Papillon (Franklin J. Schaffner, 1973)

Passage to India, A (Pasaje a la India. David Lean, 1984)

Passion of the Christ, The (La Pasión de Cristo. Mel Gibson, 2004)

Patton (Franklin J. Schaffner, 1970)

Peau douce, La (La piel suave. François Truffaut, 1964)

Per qualche dollaro in più (La muerte tenía un precio. Sergio Leone, 1965)

Pinocchio (Pinocho. Ben Sharpsteen, Hamilton Luske, 1940)

Pinocchio (Pinocho. Roberto Benigni, 2002)

Planet of the Apes (El Planeta de los Simios. Franklin J. Schaffner, 1968)

Platoon (Oliver Stone, 1986)

Postino, Il (El cartero y Pablo Neruda. Michael Radford, 1995)

Psycho (Psicosis. Alfred Hitchcock, 1960)

Pulp Fiction (Quentin Tarantino, 1994)

Quo Vadis (Mervyn LeRoy, 1951)

Ragtime (Milos Forman, 1981)

Raiders of the Lost Ark (En busca del Arca perdida. Steven Spielberg, 1981)

Red Shoes, The (Las zapatillas rojas. Michael Powell, Emeric Pressburger, 1948)

Red Violin, The (El violín rojo. François Girard, 1999)

Remains of the Day, The (Lo que queda del día. James Ivory, 1993)

Rocky (J.G. Avildsen, 1976)

Romeo & Juliet (Romeo y Julieta. Franco Zeffirelli, 1968)

Room with a View, A (Una habitación con vistas. James Ivory, 1986)

Rosemary's Baby (La semilla del Diablo. Roman Polanski, 1968)

Saving Private Ryan (Salvar al Soldado Ryan. Steven Spielberg, 1998)

Schindler's List (La lista de Schindler. Steven Spielberg, 1993)

Se7en (David Fincher, 1995)

Sense and Sensibility (Sentido y sensibilidad. Ang Lee, 1995)

Shame (Steve McQueen, 2011)

Signs (Señales. M. Night Shyamalan, 2002)

Silence of the Lambs, The (El silencio de los corderos. Jonathan Demme, 1991)

Silent Movie (La última locura de Mel Brooks. Mel Brooks, 1976)

Sixth Sense, The (El sexto sentido. M. Night Shyamalan, 1999)

Sleuth (La huella. Joseph L. Mankiewicz, 1972)

Spartacus (Espartaco. Stanley Kubrick, 1960)

Spellbound (Recuerda. Alfred Hitchcock, 1945)

Star Trek (J.J. Abrams, 2009)

Star Wars (La Guerra de las Galaxias. George Lucas, 1977)

Star Wars. Episode V – The Empire Strikes Back (El Imperio Contraataca. Irving Kershner, 1980)

Strangers on a Train (Extraños en un tren. Alfred Hitchcock, 1951)

Sunset Boulevard (El crepúsculo de los dioses. Billy Wilder, 1950)

Taxi Driver (Martin Scorsese, 1976)

Third Man, The (El tercer hombre. Carol Reed, 1949)

Titanic (James Cameron, 1997)

To Kill a Mockingbird (Matar un ruiseñor. Alan J. Pakula, 1962)

Todo sobre mi madre (Pedro Almodóvar, 1999)

Tom Jones (Tony Richardson, 1963)

Torn Curtain (Cortina rasgada. Alfred Hitchcock, 1966)

Treasure of the Sierra Madre, The (El tesoro de Sierra Madre. John Huston, 1948)

Tucker: the Man and His Dream (Tucker, un hombre y su sueño. Francis Ford Coppola, 1988)

Two For the Road (Dos en la carretera. Stanley Donen, 1967)

Unforgiven (Sin perdón. Clint Eastwood, 1992)

Untouchables, The (Los intocables de Elliot Ness. Brian De Palma, 1987)

Up (Pete Docter, Bob Peterson, 2009)

Vangelo seccondo Matteo, Il (El Evangelio según San Mateo. Pier Paolo Pasolini, 1966)

Vertigo (Alfred Hitchcock, 1958)

Village, The (El bosque. M. Night Shyamalan, 2004)

Viridiana (Luis Buñuel, 1959)

Viskningar och rop (Gritos y susurros. Ingmar Bergman, 1973)

Vita è bella, La (La vida es bella. Roberto Benigni, 1998)

Walking Dead, The (serie. 2010)

War Horse (S.Spielberg, 2011)

Who's Afraid of Virginia Woolf? (¿Quién teme a Virginia Woolf? Mike Nichols, 1966)

Witness (Único testigo. Peter Weir, 1985)

Woman Under the Influence, A (Una mujer bajo la influencia. John Cassavetes, 1974)

Young Frankenstein (El jovencito Frankenstein. Mel Brooks, 1974)

Conrado Xalabarder

Conrado Xalabarder (Barcelona, 1964), especialista de reconocido prestigio en el ámbito de las bandas sonoras, es el creador de la web www.mundobso.com, la mayor web de bandas sonoras comentadas del mundo. Crítico de bandas sonoras en la revista Fotogramas, ha colaborado escribiendo artículos en medios como El Periódico de Catalunya, La Vanguardia, la Revista de la Academia del Cine Español, etc.

Profesor de la asignatura de Bandas Sonoras en la Universitat Pompeu Fabra y la Universitat de Vic, y conferenciante en multitud de otras Universidades, Conservatorios, Escuelas de Cine, etc, por toda España y América. Autor de varios libros: Enciclopedia de los Oscar (Ediciones B), Enciclopedia de las Bandas Sonoras (Ediciones B), Música de Cine: Una ilusión óptica (LibrosEnRed), y colaborador en varios libros colectivos. Es miembro de la Organización del Festival Internacional de Música de Cine de Úbeda (y del actual Festival de Córdoba). Como profesor, ha compartido charlas, clases y conferencias con compositores de la talla de Michael Giacchino, Dave Grusin, Ludovic Bource, Bruno Coulais, Patrick Doyle, Mark Isham, Bruce Broughton, John Scott, Joel McNeely, Christopher Young, Wataru Hokoyama, Christopher Lennertz, Blake Neely, Bear McCreary, Lolita Ritmanis, Kristopher Carter, Michael McCuistion, Boris Slavov, Trevor Morris, Richard Bellis, Miriam Cutler, así como a un amplio número de compositores españoles. Ha entrevistado a compositores (Jerry Goldsmith, Ennio Morricone, Maurice Jarre, Pino Donaggio, Elmer Bernstein, Luis Bacalov, John Addison, etc) cuyas experiencias y visiones han sido decisivas en la creación de *El Guion Musical en el Cine*.

www.mundobso.com
cxa@mundobso.com
Twitter: @MundoBso

www.ingramcontent.com/pod-product-compliance
Lightning Source LLC
Chambersburg PA
CBHW051805170526
45167CB00005B/1885